D1252628

1er **cycle du secondaire**

Manuel de l'élève  **1A**

RÉALITÉS

HISTOIRE ET ÉDUCATION À LA CITOYENNETÉ

Line Lamarre
Directrice de collection

Hervé Gagnon
Michel Vervais

Avec la collaboration de
François Hudon

E RPI
ÉDITIONS DU RENOUVEAU PÉDAGOGIQUE INC.

5757, RUE CYPIHOT
SAINT-LAURENT (QUÉBEC)
H4S 1R3

TÉLÉPHONE : (514) 334-2690
TÉLÉCOPIEUR : (514) 334-4720
erpidlm@erpi.com

Directrice de l'édition
Marie Duclos

Chargées de projet et réviseures linguistiques
Stéphanie Bourassa
Suzanne Famelart
Marie-Josée Farley
Diane Legros
Diane Plouffe
Andrée Thibeault

Correcteurs d'épreuves
Lucie Bernard
Jean-Pierre Paquin
Pierra Vernex

Recherchistes (photos et droits)
Pierre Richard Bernier
Jocelyne Gervais

Directrice artistique
Hélène Cousineau

Coordonnatrice graphique
Denise Landry

Couverture
Frédérique Bouvier

Conception graphique et édition électronique
Accent tonique
Benoit Pitre

Illustrations

Philippe Germain : p. 76, 82 (bas), 86, 89, 91, 107, 139, 145, 146-147, 156, 158, 163, 171, 178.

Stéphane Jorisch : p. 15 (bas), 17 (bas), 24, 40, 44, 46, 47, 52, 57, 60 (bas).

Polygone Studio : p. 2, 4 (centre), 7 (bas), 8, 10, 12, 13, 14, 15 (haut), 16, 17 (haut), 18, 20, 21 (bas), 22, 25, 27 (détail repiquage de p. 25), 28, 30, 35, 36 (haut, droite), 37, 38-39, 50 (détails repiquage de p. 38-39), 51 (détail repiquage de p. 25), 60 (haut, droite), 61 (haut, droite), 80 (gauche), 82 (haut), 83, 100 (droite), 105, 128, 134, 136, 137, 143, 148, 150-151, 161, 179 (détail repiquage de p. 134).

Michel Rouleau : p. 7 (haut), 11 (bas), 53, 58, 86.

Cartographie
Groupe Colpron

Collaborateur

François Hudon, enseignant, école Gérard-Filion, commission scolaire Marie-Victorin

Consultantes pédagogiques

Manon Demers, enseignante, école secondaire Jeanne-Normandin, Montréal

Sophie Hudon, enseignante, école secondaire André-Laurendeau, commission scolaire Marie-Victorin

Réviseurs scientifiques

Michel Fortin, Ph. D., professeur titulaire (archéologie du Proche-Orient), Département d'histoire, Université Laval

Michel Brousseau, enseignant (géographie), école secondaire La Camaradière, commission scolaire de la Capitale (cartes)

Dépôt légal : 4ᵉ trimestre 2005
Bibliothèque nationale du Québec
Bibliothèque nationale du Canada

Imprimé au Canada   6789 II 14 13 12 11 10
ISBN 978-2-7613-1188-5   10446 CD   OS12

PRÉCISIONS SUR LES CARTES

Projections cartographiques

La projection de Miller a été utilisée pour toutes les cartes, sauf pour les planisphères (projection de Robinson) et la carte 2.86 de la page 117 (projection conique conforme de Lambert).

Échelle

Pour les cartes du monde ou celles qui présentent une grande partie du monde, l'échelle utilisée est l'échelle équatoriale (à l'équateur).

Pourquoi apprendre l'histoire?

L'histoire, c'est la mémoire de l'humanité. C'est une succession d'événements qui permettent de prendre conscience de l'évolution des êtres humains. L'histoire se transforme au rythme des populations, de l'espace et du temps. Elle raconte d'où nous venons et elle nous aide à comprendre qui nous sommes.

Aborder l'histoire avec *Réalités*, c'est découvrir le passé pour mieux comprendre le monde d'aujourd'hui et mieux saisir les rapports entre les individus et la société.

Réalités propose des réponses à certaines questions importantes comme:
Pourquoi notre société est-elle sédentaire?
Comment les grandes civilisations sont-elles nées?
Pourquoi y a-t-il différentes formes de gouvernements?
Comment les grandes religions se sont-elles développées?
Pourquoi le commerce est-il si important?

Comme l'histoire n'a pas révélé tous ses secrets, il reste bien des mystères à percer et des chemins à explorer.

Bonne route!

Table des matières

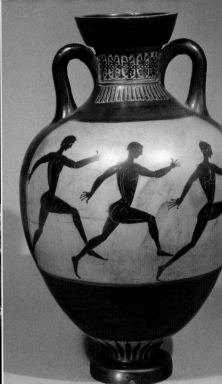

V

Aperçu d'un dossier

Les pages d'ouverture

Le **numéro de dossier** avec son concept central.

Le **titre** du dossier.

Une courte présentation de la **problématique** du dossier, en mots, en photos ou en illustrations.

Des **photos** invitent à s'interroger : où est-ce ? En quoi cela est-il relié au dossier ?

Une **ligne du temps** permet de situer la réalité sociale à l'étude dans le temps, par rapport aux grandes périodes historiques.

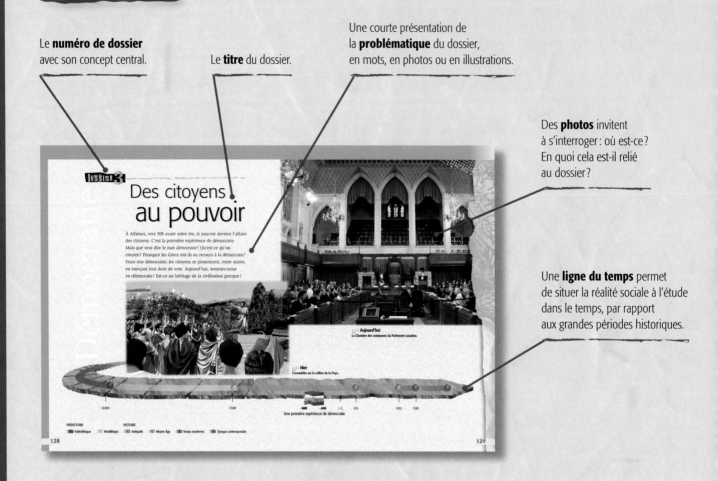

Les deux **premières parties** présentent les informations essentielles à l'étude des réalités sociales du passé.

La **troisième partie** du dossier présente les réalités sociales étudiées, dans le contexte d'aujourd'hui.

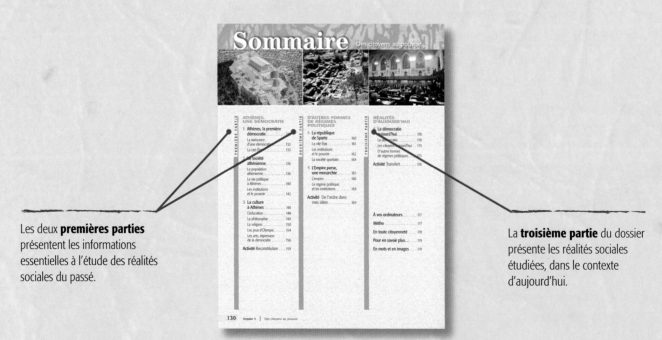

Quelques pages d'un dossier

Une **carte** au début de chaque dossier situe l'ensemble des lieux et des événements abordés dans l'étude du passé.

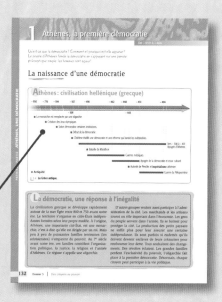

Une **ligne du temps** donne l'ordre des événements.

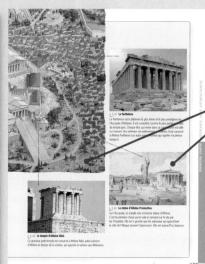

Des **illustrations historiques** facilitent la compréhension de la matière.

Des **questions** incitent à la réflexion.

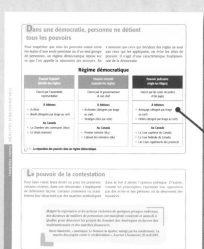

Des informations sont présentées sous forme de **tableaux**.

Les **définitions** des mots écrits en bleu
se trouvent à la fin de chaque dossier,
dans la rubrique **En mots et en images**.

Des **schémas** simplifient
la compréhension.

Des **cartes** variées pour représenter
un territoire.

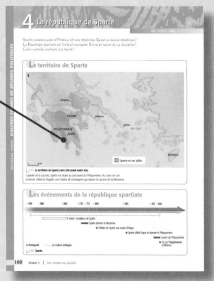

Diverses **activités**,
Reconstitution, De l'ordre
dans mes idées ou Transfert,
terminent chaque partie.

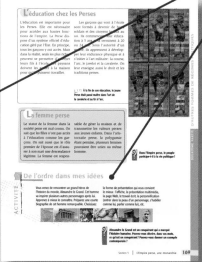

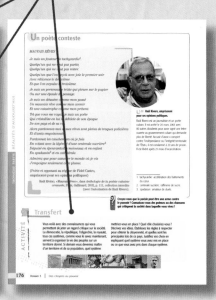

Les rubriques

Les rubriques **Témoins de l'histoire** présentent des personnages qui ont marqué l'histoire.

Les rubriques **Argus** proposent des renseignements intéressants sur toutes sortes de sujets.

Les rubriques **Carrefour** permettent de faire le lien avec d'autres matières.

La rubrique **À vos ordinateurs** propose des activités, en lien avec l'histoire, à faire en utilisant l'ordinateur.

La rubrique **Métho** propose des activités qui aident à développer les méthodes de travail et la démarche de recherche en histoire.

La rubrique **En toute citoyenneté** offre plusieurs sujets de réflexion.

La rubrique **Pour en savoir plus...** propose une médiagraphie : ouvrages de référence, périodiques, romans, films et vidéos sur des sujets traités dans les dossiers.

La rubrique **En mots et en images** explique les mots écrits en bleu dans les dossiers.

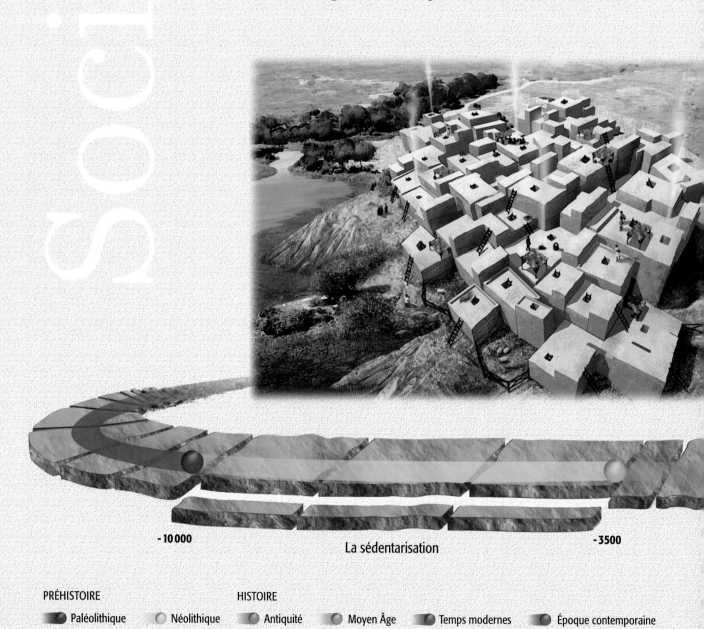

DOSSIER 1

Des mystères à percer

Pendant des millions d'années, l'être humain est nomade.
Puis, il devient sédentaire. Pourquoi un tel bouleversement?
Avait-il imaginé les conséquences de la sédentarisation?

Société

- 10 000   La sédentarisation   - 3500

PRÉHISTOIRE

● Paléolithique   ○ Néolithique

HISTOIRE

● Antiquité   ● Moyen Âge   ● Temps modernes   ● Époque contemporaine

1.2 Aujourd'hui
La ville de Calgary (Canada), ceinte par la rivière Bow.

On voit très bien la concentration du développement urbain et la banlieue.

1.1 Hier
Çatal Höyük en Turquie.

Un des premiers villages du néolithique.

J.-C.   476   1492   1789

Sommaire

Des mystères à percer

Coup d'œil sur les réalités du passé

Des millions d'années d'histoire témoignent de l'évolution de l'humanité. Il est long et encore plein de mystères à percer, le chemin parcouru depuis les premiers hominidés nomades vivant en petits groupes jusqu'aux êtres humains fondateurs des premiers villages. Devenus sédentaires, établis sur un territoire, les êtres humains s'organisent.

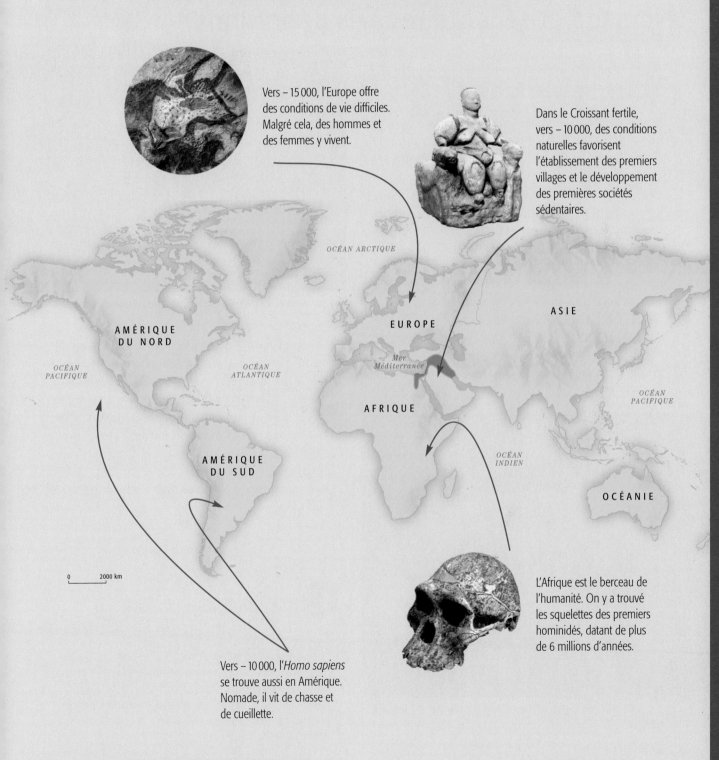

Vers – 15 000, l'Europe offre des conditions de vie difficiles. Malgré cela, des hommes et des femmes y vivent.

Dans le Croissant fertile, vers – 10 000, des conditions naturelles favorisent l'établissement des premiers villages et le développement des premières sociétés sédentaires.

Vers – 10 000, l'*Homo sapiens* se trouve aussi en Amérique. Nomade, il vit de chasse et de cueillette.

L'Afrique est le berceau de l'humanité. On y a trouvé les squelettes des premiers hominidés, datant de plus de 6 millions d'années.

L 1.3 Des moments importants dans l'évolution de l'humanité.

D'où vient l'être humain? Comment a-t-il vécu? Pourquoi choisit-il de s'installer en permanence à un seul endroit? Quelles sont les traces laissées par la sédentarisation? Quelles sont les conséquences de la sédentarisation pour l'être humain?

Nomade et sédentaire : des définitions

Être nomade, c'est…

Être nomade, c'est vivre en se déplaçant de manière organisée sur un grand territoire, au gré de ses besoins. Les populations nomades, rassemblées en petits groupes, sont parfois des chasseurs-cueilleurs, parfois des bergers ou des pêcheurs. Les ressources du territoire assurent leur survie. Les nomades n'exercent pas de contrôle sur ces ressources. Ils vivent dans des habitations légères ou dans des abris naturels. Dans un groupe nomade, la division du travail et la hiérarchie sociale sont très simples. La propriété et les frontières sont inexistantes. La production et les échanges sont très limités. Pendant des millions d'années, l'être humain a été nomade. Aujourd'hui, les nomades représentent à peine 1,5 % de la population mondiale.

1.4 Un groupe de semi-nomades actuels : les Massaïs de Tanzanie (Afrique).

L'humanité a probablement vécu une période de transition où elle a été semi-nomade, comme les Massaïs.

Être sédentaire, c'est…

1.5 Les grandes villes actuelles : un milieu de vie sédentaire.

Être sédentaire, c'est habiter en permanence au même endroit. Les sédentaires habitent un territoire permanent dont les ressources, qu'ils contrôlent, assurent leur survie. Dans les villes et villages où ils vivent, la division du travail, la hiérarchie sociale et une forme de pouvoir, la propriété et les échanges occupent une place importante. Vers 10 000 avant notre ère, certains êtres humains deviennent sédentaires. Aujourd'hui, la quasi-totalité de la population de la Terre est sédentaire.

Carrefour français

Le mot *sédentaire* est polysémique, c'est-à-dire qu'il a plus d'un sens. Dans l'usage courant, il fait référence à l'absence d'activité physique et à ses effets néfastes sur la santé. Cependant, en anthropologie comme en histoire, il décrit le mode de vie d'un groupe qui habite en permanence au même endroit.

Le nomadisme préhistorique

Des débuts lointains

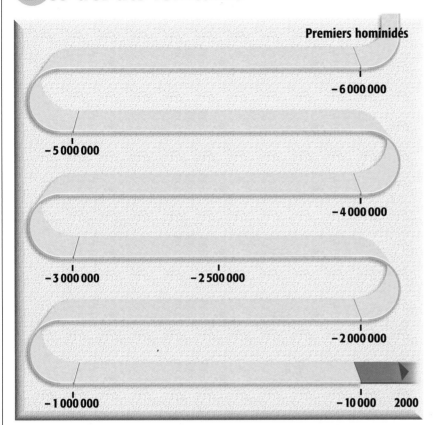

Premiers hominidés

– 6 000 000
– 5 000 000
– 4 000 000
– 3 000 000   – 2 500 000
– 2 000 000
– 1 000 000   – 10 000   2000

1.6 Le nomadisme depuis les premiers hominidés.

Le nomadisme (en beige) comme principal mode de vie a eu la «vie longue».
La sédentarité (en rouge) a à peine 12 000 ans.

Qu'est-ce que la ligne du temps (figure 1.6) et la photographie des Massaïs (figure 1.4) vous apprennent sur le nomadisme?

1.7 Une reconstitution du mode de vie de l'australopithèque.

Observez l'illustration 1.7. Quelles sont les principales caractéristiques qui différencient les êtres humains actuels des premiers hominidés?

Un mode de vie simple

Les hominidés sont nomades depuis leurs premiers pas, il y a plus de 6 millions d'années. Ils vivent en groupes plus ou moins petits. Ils se déplacent continuellement sur un vaste territoire et ne s'arrêtent au même endroit que pour de courtes périodes. Les ressources du territoire leur permettent de s'alimen-

ter, de s'approvisionner en eau, de s'abriter et de fabriquer quelques outils.

Selon les saisons, ils cueillent des plantes, des fruits, des noix, des racines et chassent le gibier. Ils prennent ce dont ils ont besoin pour survivre. Ils n'épuisent pas les ressources de leur territoire.

⌐ 1.8 **Scènes de la vie nomade au paléolithique.**

Un territoire qui s'étend

L'ancêtre de l'être humain apparaît en Afrique il y a environ 6 millions d'années. À mesure que la population augmente, les groupes d'êtres humains se divisent et se déplacent vers de nouveaux territoires à la recherche de nourriture. Lentement mais sûrement, l'être humain agrandit son territoire et finit par occuper pratiquement toute la planète. En suivant la trace des **fossiles** et des objets qu'ils ont découverts, les archéologues ont pu établir que l'*Homo erectus*, l'*Homo heidelbergensis* et l'*Homo sapiens* ont, tour à tour, mais à des époques différentes, quitté l'Afrique pour d'autres continents.

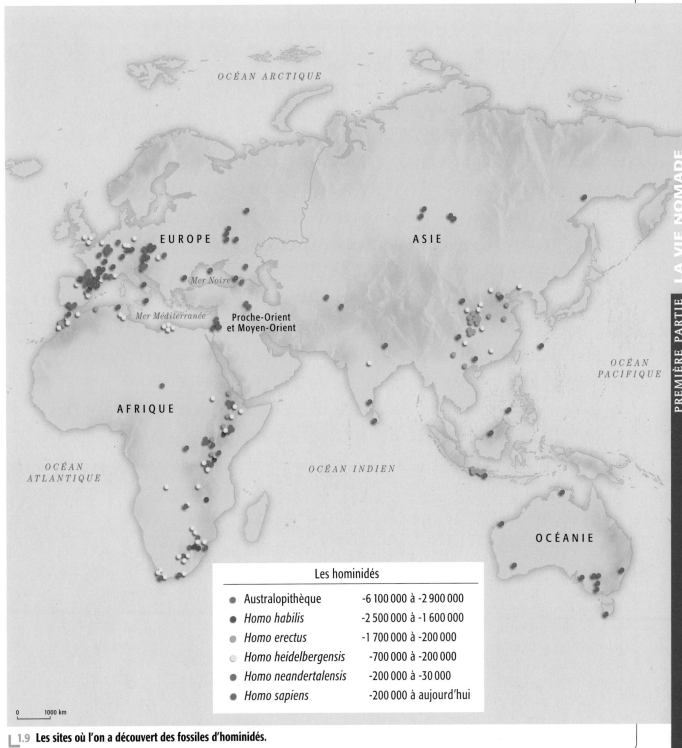

Les hominidés	
● Australopithèque	-6 100 000 à -2 900 000
● *Homo habilis*	-2 500 000 à -1 600 000
● *Homo erectus*	-1 700 000 à -200 000
● *Homo heidelbergensis*	-700 000 à -200 000
● *Homo neandertalensis*	-200 000 à -30 000
● *Homo sapiens*	-200 000 à aujourd'hui

0   1000 km

1.9 Les sites où l'on a découvert des fossiles d'hominidés.

L'être humain est le résultat d'une longue évolution. Comment les hominidés se sont-ils diversifiés ? Des dizaines d'hominidés se sont succédé ou ont partagé le même espace. Un seul existe encore aujourd'hui : c'est l'*Homo sapiens*, c'est-à-dire nous !

L'être humain évolue

L'évolution du genre humain

Durant 2,5 millions d'années, l'être humain évolue. Son corps et ses capacités intellectuelles changent. À la fin du paléolithique, soit vers 10 000 avant notre ère, l'être humain présente les caractéristiques et les capacités des êtres humains d'aujourd'hui.

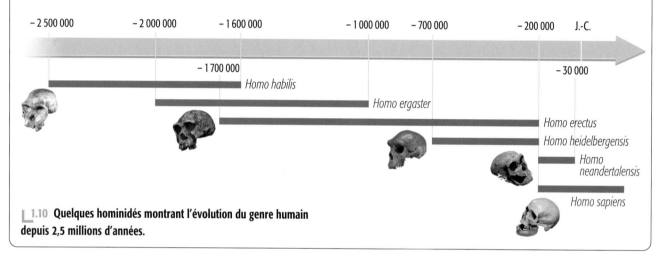

– 2 500 000   – 2 000 000   – 1 600 000   – 1 000 000   – 700 000   – 200 000   J.-C.

– 1 700 000
Homo habilis

Homo ergaster

Homo erectus

Homo heidelbergensis

– 30 000

Homo neandertalensis

Homo sapiens

⌐ **1.10** **Quelques hominidés montrant l'évolution du genre humain depuis 2,5 millions d'années.**

L'australopithèque : un lointain parent

L'australopithèque fait partie du groupe des hominidés, mais il n'est pas un être humain. Il y a environ 6 millions d'années, l'australopithèque vit dans les forêts humides de l'est de l'Afrique. Il est couvert de poils. L'australopithèque est le premier **bipède**. Cependant, il ne marche pas tout à fait à la manière d'un être humain d'aujourd'hui : son dos est légèrement courbé.

L'australopithèque vit en petits groupes de 20 à 30 individus. Selon les saisons, il cueille des fruits sauvages, des noix, des graines, ou il fouille le sol à la recherche de racines et de tubercules. Ses outils sont des roches et des bâtons ramassés sur son chemin, ils sont légèrement retravaillés. Le soir, il s'aménage un abri de branchages dans un arbre pour se protéger des prédateurs nocturnes.

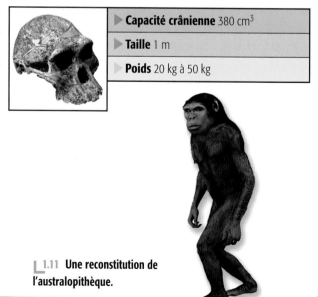

▶ **Capacité crânienne** 380 cm³

▶ **Taille** 1 m

▶ **Poids** 20 kg à 50 kg

⌐ **1.11** **Une reconstitution de l'australopithèque.**

PREMIÈRE PARTIE   LA VIE NOMADE

LUCY, UNE CÉLÉBRITÉ

En 1974, on a découvert une partie du squelette d'une femelle australopithèque *afarensis*. Comme la chanson des Beatles *Lucy in the Sky with Diamonds* jouait à la radio, on l'a nommée *Lucy*. Elle mesurait environ 1,10 m. La faible usure de ses dents indique qu'elle avait environ 20 ans. La nature des roches sur lesquelles on l'a retrouvée indique qu'elle se serait noyée. Lucy a vécu il y a environ 3,2 millions d'années et on a longtemps cru qu'elle était le plus ancien ancêtre connu de l'être humain moderne. Depuis, on a découvert d'autres squelettes de plus de 6 millions d'années. Les origines des hominidés reculent encore !

Lucy continue quand même de faire progresser nos connaissances. Plusieurs scientifiques pensent que son bassin était trop petit pour lui permettre d'accoucher et que Lucy était en réalité un mâle. Faisait-elle partie d'une espèce d'hominidés où les mâles et les femelles avaient les mêmes caractéristiques physiques ? Peut-être qu'un jour Lucy sera rebaptisée Lucien !

LA VALLÉE DU RIFT ET LA THÉORIE DE L'*EAST SIDE STORY*

La vallée du Rift est une profonde dépression géologique causée par l'effondrement du sol dans une faille à la suite du mouvement des plaques tectoniques.

Cet événement géologique qui s'est produit il y a 8 millions d'années a plusieurs conséquences. D'abord, le côté est de la faille devient plus élevé que le côté ouest, formant une barrière naturelle. Avec le temps, le climat et la végétation de l'est se modifient. Les grands singes piégés dans cette région s'adaptent à ce nouvel environnement. Ils doivent se déplacer sur de longues distances pour trouver à manger. La marche sur deux pieds, aussi appelée *bipédie*, devient le moyen le plus efficace pour se déplacer.

C'est du côté est de la vallée du Rift que les **paléontologues** Yves Coppens, Donald Johanson et Tom Gray ont trouvé le squelette de l'australopithèque Lucy. En 1981, Coppens construit une théorie (l'*East Side Story* – «l'histoire du côté est») pour expliquer la séparation des primates en deux groupes : les bipèdes et les autres.

En 2002, la théorie de Coppens est remise en cause par la découverte de deux hominidés bipèdes à l'ouest de la vallée du Rift : Orrorin et Toumaï. La question du développement de la bipédie n'est donc pas réglée. La réponse se cache quelque part en Afrique, dans la vallée du Rift…

Aujourd'hui, cette région attire un grand nombre de touristes. Ceux-ci représentent une menace pour les traces du passé ainsi que pour l'écosystème et les modes de vie ancestraux des populations. Est-ce possible de concilier tourisme, préservation et conservation ?

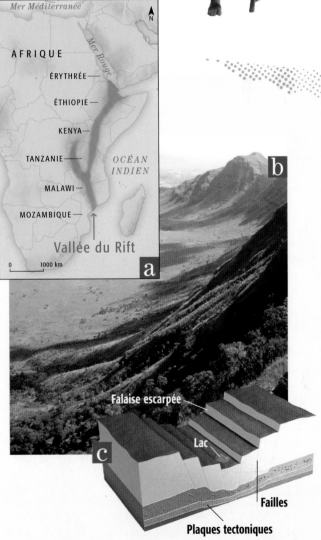

1.12 **(a) Une carte géographique de la vallée du Rift. (b) La vallée du Rift, de nos jours. (c) La faille créée par le mouvement des plaques tectoniques.**

L'*Homo habilis* : cueilleur et charognard

Ses caractéristiques physiques

Le corps des mâles et celui des femelles *Homo habilis* ont des caractéristiques différentes pour ce qui est de la forme, de la musculature et de l'ossature.

Certains scientifiques pensent que l'*Homo habilis* possédait une forme de langage. Par contre, son larynx n'est pas suffisamment développé pour lui permettre d'articuler correctement. Il communique donc sans doute par des sons élémentaires accompagnés de gestes plutôt que par des mots.

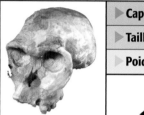

▶ **Capacité crânienne** Environ 600 cm³

▶ **Taille** 1,15 m à 1,30 m

▶ **Poids** 30 kg à 40 kg

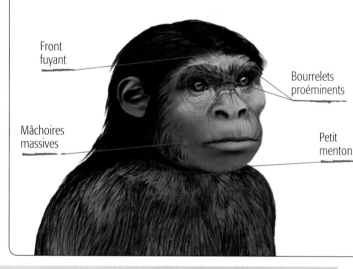

Front
fuyant

Bourrelets
proéminents

Mâchoires
massives

Petit
menton

1.13 **Une reconstitution de l'*Homo habilis*.**

Son territoire

L'*Homo habilis* habite d'abord la forêt. Au cours de sa longue existence, il s'installe, en petits groupes, dans les savanes de l'est de l'Afrique. Les scientifiques pensent qu'il aménage des campements rudimentaires composés de huttes rondes, sans doute en peaux ou en branchages calés au sol par des pierres, où il ramène sa nourriture.

1.14 **La lutte pour la survie.**

Pour se nourrir, l'*Homo habilis* doit lutter contre des compétiteurs féroces comme l'hyène et le lion.

La division du travail

L'*Homo habilis* vit surtout de la cueillette. Son principal travail consiste à chercher de la nourriture.

Une division du travail entre mâle et femelle est remise en question par certains chercheurs. Bien sûr, la femelle reste près de ses petits jusqu'à ce qu'ils soient autonomes, mais cela ne l'empêche pas de participer à la cueillette.

L'*Homo habilis* ne chasse pas : il est plutôt un charognard. Il ramasse les carcasses d'animaux tués par d'autres prédateurs et les transporte dans un endroit sûr, pour en manger la viande crue.

Sa production

L'*Homo habilis*, bipède, a les mains libres, ce qui le rend plus «habile» pour manipuler des objets, d'où son nom *Homo habilis*. Il fabrique des outils adaptés à ses besoins. Il utilise des branches et des racines comme bâtons et il transforme des galets dont il fait éclater des parties pour obtenir un tranchant. Cet outil est très utile pour retirer la chair des animaux morts qu'il trouve.

⌐ **1.15** **La technique de taille du galet.**

⌐ **1.16** **La division du travail et la production.**

Chaque individu effectue la tâche pour laquelle il est le plus habile : l'un a une grande adresse manuelle ; un autre possède la technique du travail de la pierre ; un autre sait choisir les bonnes pierres à travailler. Parfois, c'est le sexe qui détermine la tâche, comme dans le cas de l'allaitement des petits.

Observez l'illustration 1.15. Comment l'*Homo habilis* utilisait-il le galet taillé ?

L'*Homo erectus* : voyageur, cueilleur et chasseur

Ses caractéristiques physiques

L'*Homo erectus* est la principale espèce d'hominidés ayant existé pendant près de 1,5 million d'années. On pense qu'il est beaucoup moins poilu que l'*Homo habilis*. Déjà, il commence à ressembler à l'*Homo sapiens*. Pour ce qui est de son langage, l'*Homo erectus* laisse les chercheurs perplexes. Il n'a certes pas un langage très développé, mais il arrive à communiquer ses idées avec assez d'aisance pour pouvoir chasser en groupe et partager des stratégies.

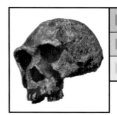

▶ **Capacité crânienne** Environ 1000 cm³

▶ **Taille** 1,55 m à 1,65 m

▶ **Poids** 45 kg à 55 kg

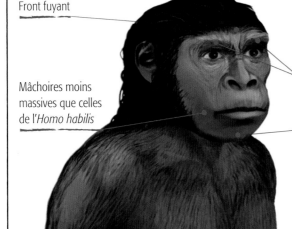

Front fuyant

Bourrelets en forme de visière au-dessus des orbites

Mâchoires moins massives que celles de l'*Homo habilis*

Menton fuyant

1.17 **Une reconstitution de l'*Homo erectus*.**

Son territoire

On retrouve l'*Homo erectus* en Afrique, en Asie et en Europe. Plusieurs scientifiques pensent que c'est lui qui, le premier, est sorti d'Afrique voilà un million d'années. Il lui aurait fallu plus de 20 000 ans pour atteindre l'Europe et l'Asie. Selon l'endroit où il se trouve, il habite dans des abris naturels ou dans des habitations temporaires qu'il construit sur place.

Une ressource importante : le feu

C'est l'*Homo erectus* qui, il y a environ 500 000 ans, parvient à maîtriser le feu. Sa qualité de vie s'améliore beaucoup grâce au feu. Les grottes où il s'abrite sont plus chaudes et le feu éloigne les animaux sauvages. Il peut faire cuire la viande ou la fumer, ce qui la rend plus facile à digérer et à conserver. Il peut aussi faire durcir les pointes de ses armes de bois. Quand il chasse, il se sert du feu pour effrayer des troupeaux de gros gibier et les diriger vers un piège naturel : une falaise ou un cul-de-sac.

- Selon vous, comment l'*Homo erectus* a-t-il découvert la façon d'allumer un feu ?
- Quels avantages l'*Homo erectus* tire-t-il de sa maîtrise du feu ?

LA VIE NOMADE

PREMIÈRE PARTIE

Sa production

L'*Homo erectus* est à l'origine d'un changement très important dans l'évolution humaine. Voilà 1,5 million d'années, les nouveaux outils qu'il fabrique lui permettent de chasser. En perfectionnant sa technique de taillage de pierre, il en arrive à produire le biface. Celui-ci devient son outil privilégié et il l'utilise pour fabriquer d'autres outils. À partir de ce moment, la chasse coexiste avec la cueillette et la viande devient une partie importante de l'alimentation humaine.

L 1.19 L'*Homo erectus* fabrique des outils plus performants.

L'*Homo erectus* développe des techniques qui améliorent la qualité de ses armes de chasse : l'utilisation du biface pour aiguiser ses lances et du feu pour en durcir la pointe.

Les chercheurs pensent que l'*Homo erectus* choisissait son bois parmi les essences les plus dures, ce qui implique une certaine connaissance de son environnement. Cependant, comme le bois n'a pas résisté au temps, les chercheurs n'ont aucune preuve de leur hypothèse.

L 1.18 Un biface en silex.

La division du travail et le pouvoir

Les effets de l'évolution se font sentir sur la division du travail. Le cerveau de l'*Homo erectus* étant plus gros, il a besoin de plus de temps pour atteindre sa pleine maturation. Après la naissance, les enfants sont donc dépendants plus longtemps. Les mères vaquent à des occupations autour du campement tout en s'occupant des petits. Les autres membres du groupe assurent l'approvisionnement en gros gibier. Il semble que c'est le travail exercé par un individu qui détermine son pouvoir au sein du groupe.

 À partir des éléments fournis, selon vous, la chasse est-elle plus importante que les tâches liées aux soins des petits ? Expliquez votre réponse.

L'*Homo heidelbergensis* : chasseur avant tout

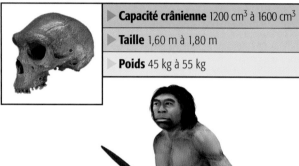

– 2 500 000   – 2 000 000   – 1 000 000

Ses caractéristiques physiques

Dans l'évolution humaine, l'*Homo heidelbergensis* se trouve à mi-chemin entre l'*Homo erectus* et l'*Homo sapiens*.

Ses dents sont plus petites que celles de l'*Homo erectus*.

▶ **Capacité crânienne** 1200 cm^3 à 1600 cm^3	
▶ **Taille** 1,60 m à 1,80 m	
▶ **Poids** 45 kg à 55 kg	

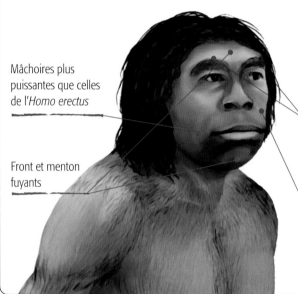

Mâchoires plus puissantes que celles de l'*Homo erectus*

Bourrelets moins saillants que ceux de l'*Homo erectus*

Front et menton fuyants

Face plus plate que celle de l'*Homo erectus*

⌐1.20 **Une reconstitution de l'*Homo heidelbergensis*.**

Son territoire

Entre 700 000 et 200 000 avant notre ère, l'*Homo heidelbergensis* occupe l'Afrique, l'Europe et le Proche-Orient. On pense qu'il était un habile chasseur de gros gibier qu'il a probablement suivi dans ses migrations.

L'*Homo heidelbergensis* sait tirer parti de son territoire et s'installe là où les ressources sont abondantes. À Atapuerca, dans le nord de l'Espagne, on a trouvé les restes de 32 individus.

Atapuerca était un bon milieu de vie. Il y avait une rivière tout près. Le terrain était surélevé et constituait un bon point d'observation pour les chasseurs. Les cavernes leur fournissaient un refuge.

Professeur José Bermúdez de Castro.
Musée des sciences naturelles de Madrid et codirecteur de l'équipe de recherche d'Atapuerca.

La division du travail et le pouvoir

Bien peu de choses sont certaines au sujet de l'*Homo heidelbergensis*. On sait qu'il est un chasseur-cueilleur et que la viande occupe une place importante dans son alimentation. La chasse domine son mode de vie et ce sont possiblement les qualités de chasseur des individus qui les amènent à exercer un pouvoir au sein du groupe.

1.21 **L'*Homo heidelbergensis* chasse le gros gibier.**

Carrefour science

LE SILEX

Pour fabriquer les outils les plus perfectionnés, les êtres humains de la préhistoire utilisent le silex. Ils le travaillent au moyen de percuteurs en grès ou en bois de cerf. Le silex est une roche sédimentaire, dure, composée presque exclusivement de silice. De la famille du quartz, il a une couleur sombre et un éclat cireux. Lorsqu'il est percuté, il se brise en lamelles formant ainsi des arêtes très tranchantes qui ne s'effritent pas.

Lorsqu'il est frappé avec de l'acier, le silex produit des étincelles, ce qui explique son intense utilisation, beaucoup plus tard, comme pierre à fusil. Aujourd'hui, le silex est utilisé principalement dans la fabrication de la céramique.

1.22 **Du silex brut.**

Sa production

L'*Homo heidelbergensis* fabrique des outils en pierre, semblables à ceux de l'*Homo erectus*, avec lesquels il dépèce le gibier. Il utilise aussi la lance de bois. Il se peut qu'il ait pratiqué le cannibalisme, mais on ignore si c'est une pratique courante, un rituel ou seulement une façon de survivre lorsque la nourriture se fait très rare.

PREMIÈRE PARTIE | LA VIE NOMADE

L'*Homo neandertalensis* : cousin éloigné

-2 500 000   -2 000 000   -1 000 000

Ses caractéristiques physiques

On a longtemps cru que l'*Homo neandertalensis** était l'ancêtre de l'*Homo sapiens*. On sait maintenant qu'il s'agit de deux espèces différentes qui ont même coexisté pendant un certain temps. Des cousins éloignés, en quelque sorte! L'*Homo neandertalensis* est robuste et très musclé.

- ▶ **Capacité crânienne** 1500 cm^3 à 1750 cm^3
- ▶ **Taille** 1,65 m
- ▶ **Poids** 70 kg à 90 kg

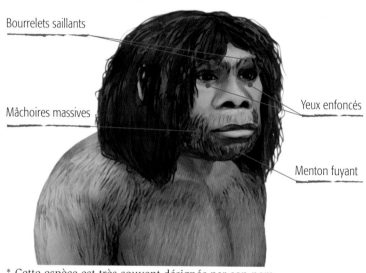

Bourrelets saillants

Mâchoires massives

Yeux enfoncés

Menton fuyant

* Cette espèce est très souvent désignée par son nom français *homme de Neandertal*.

└ **1.23** **Une reconstitution de l'*Homo neandertalensis*.**

Son territoire

Entre 200 000 et 30 000 avant notre ère, l'*Homo neandertalensis* occupe l'Europe et le Proche-Orient. Sa disparition, vers 30 000 avant notre ère, demeure inexpliquée.

Au cours de ses déplacements, l'*Homo neandertalensis* établit des campements saisonniers à partir desquels il chasse et cueille. Il habite souvent dans des grottes et sous des abris rocheux; il s'installe aussi à l'air libre, dans des tentes qu'il assemble sur place ou dans des huttes qu'il construit avec des os de mammouth.

└ **1.24** **Un campement d'*Homo neandertalensis*.**

La division du travail et le pouvoir

Même s'il se livre toujours à la cueillette, l'*Homo neandertalensis* est avant tout un chasseur et la viande est sa principale source d'alimentation. Le meilleur chasseur domine sans doute le groupe. Il semble que la cueillette et le soin des enfants soient des tâches féminines.

Avec l'*Homo neandertalensis*, un nouveau rituel apparaît : l'enterrement des morts. Tous sont enterrés, peu importe leur sexe ou leur âge. Avec les morts, sont enterrés quelques objets comme des mâchoires de sanglier ou des outils de silex. Au-delà de l'apport au groupe, l'existence même de l'individu devient importante.

⌐ 1.25 **Le vieillard de la Chapelle-aux-Saints.**

Ces ossements, découverts en France en 1908, sont ceux d'un homme très âgé, mort il y a environ 50 000 ans. Il avait une côte cassée et souffrait d'arthrite à la hanche et au cou. Ses rotules étaient endommagées, un de ses orteils était écrasé et il était atteint d'une grave maladie des vertèbres. Ses gencives étaient malades et il avait perdu la moitié de ses dents.

Ce vieillard ne pouvait sûrement pas contribuer à la survie du groupe. Les archéologues se demandent comment il a pu survivre si longtemps dans cet état. Ils présument que le groupe dont il faisait partie en a pris soin jusqu'à sa mort.

Sa production

En assemblant des éclats de pierre tranchants sur des manches de bois, l'*Homo neandertalensis* obtient des outils variés et efficaces comme des haches et des lances. Il peut ainsi chasser le gros gibier comme le mammouth, le cerf et le renne. Il fabrique aussi des couteaux et des racloirs avec lesquels il dépèce le gibier et racle les peaux.

 Selon vous, qu'est-ce qui peut expliquer la disparition de l'*Homo neandertalensis* ? Il n'y a pas de bonnes ou de mauvaises réponses, car les scientifiques n'ont pas encore réussi à percer ce mystère. Posez votre hypothèse et dressez la liste de vos arguments.

LA VIE NOMADE **PREMIÈRE PARTIE**

L'*Homo sapiens* : être humain moderne

– 2 500 000   – 2 000 000   – 1 000 000

Ses caractéristiques physiques

L'espèce *Homo sapiens* du paléolithique a les mêmes caractéristiques physiques que l'être humain d'aujourd'hui.

▶ **Taille moyenne** 1,55 m à 1,70 m
▶ **Poids** 50 kg à 70 kg
▶ **Capacité crânienne** Environ 1350 cm^3

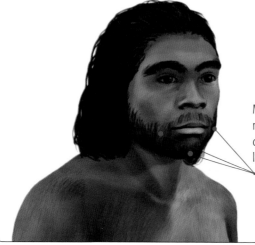

Mâchoires et menton plus petits que ceux de l'*Homo erectus*

1.26 **Reconstitution de l'*Homo sapiens* du paléolithique.**

 Quelles sont les différentes capacités crâniennes des êtres humains du paléolithique ? Présentez vos données dans un tableau.

Son territoire

L'*Homo sapiens* est apparu il y a environ 200 000 ans avant notre ère. Peu à peu, il traverse sur les glaciers qui relient les continents les uns aux autres. Il atteint ainsi toutes les régions de la Terre, sauf l'Antarctique.

Vers 30 000 avant notre ère, c'est le dernier groupe du genre humain sur la Terre.

1.27 **La dispersion probable de l'*Homo sapiens*.**

Les dates indiquent l'époque où l'*Homo sapiens* a atteint les différentes régions du globe. Cet itinéraire est contesté par certains scientifiques.

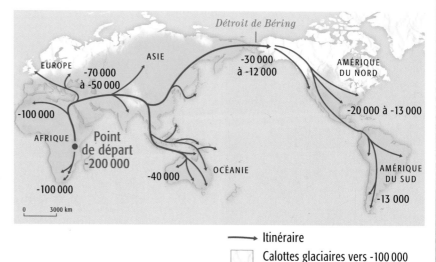

Détroit de Béring

EUROPE — ASIE — AMÉRIQUE DU NORD — AMÉRIQUE DU SUD — AFRIQUE — OCÉANIE
−70 000 à −50 000
−100 000
Point de départ −200 000
−100 000
−40 000
−30 000 à −12 000
−20 000 à −13 000
−13 000

0   3000 km

→ Itinéraire
☐ Calottes glaciaires vers −100 000

LA VIE NOMADE

PREMIÈRE PARTIE

Sa production

Durant le paléolithique, l'*Homo sapiens* est nomade. À mesure qu'il se déplace vers le nord, il acquiert des compétences nouvelles. À l'aide d'aiguilles et de tendons, il assemble des peaux avec lesquelles il confectionne des vêtements plus chauds. Il utilise aussi ces peaux pour recouvrir les huttes qu'il construit lorsqu'il ne s'installe pas dans des grottes ou dans des abris constitués de roches. Il apprend aussi à préserver de la nourriture pour les mois d'hiver en la fumant et en la séchant.

En demeurant plus longtemps au même endroit, l'*Homo sapiens* perfectionne des techniques de chasse. La coopération entre les chasseurs se développe. L'*Homo*

1.28 Une scène de chasse.

Cette peinture **rupestre** se trouve dans une grotte en Libye.

sapiens met au point des pièges à animaux plus sophistiqués et apprend à retenir les bêtes dans des lieux clos où il peut les chasser plus facilement. La pêche et la cueillette impliquent le travail d'un grand nombre d'individus.

La division du travail

Chez l'*Homo sapiens*, la chasse devient de plus en plus importante surtout dans les régions du nord. Les groupes s'installent plus longtemps au même endroit. Les hommes et les femmes en viennent alors à jouer des rôles différents, mais complémentaires, au sein du groupe. Les archéologues s'entendent pour dire que les hommes s'occupent avant tout de la chasse et de la fabrication d'outils. Les femmes débitent probablement les carcasses d'animaux avec l'aide des vieillards, se chargent de la cueillette et d'entretenir le feu. Elles s'occupent des très jeunes enfants. Quant aux enfants plus âgés, ils se joignent aux hommes à la chasse ou participent aux tâches autour du campement.

1.29 Une habitation adaptée au climat.

Pour résister au froid, l'*Homo sapiens* doit acquérir de nouvelles compétences. Il apprend à construire des habitations à partir de ce qu'il trouve dans son environnement. Le mammouth, qu'il chasse dans les régions froides, lui fournit de la viande, mais aussi de gros ossements qu'il utilise pour bâtir l'armature des abris. Il recouvre ensuite cette armature de peaux. Ces habitations abritent entre 30 et 60 personnes, et possèdent habituellement un foyer. Elles sont souvent entourées de fosses où la nourriture est entreposée.

PREMIÈRE PARTIE   LA VIE NOMADE

Des outils de production alimentaire

L'*Homo sapiens* perfectionne ses outils. En plus de la pierre polie, il utilise l'ivoire, les bois de cervidés et les os. Ses arcs, ses flèches, ses propulseurs de lances et ses sarbacanes sont des armes de chasse très efficaces. Elles lui permettent d'abattre du gros gibier comme le mammouth, le bison et le renne à une certaine distance, ce qui réduit les risques de blessure.

Ses filets, ses harpons et ses hameçons donnent à l'*Homo sapiens* un nouvel avantage sur ses proies et lui assurent de meilleures pêches. Tous ces outils aident l'*Homo sapiens* à subvenir aux besoins alimentaires du groupe.

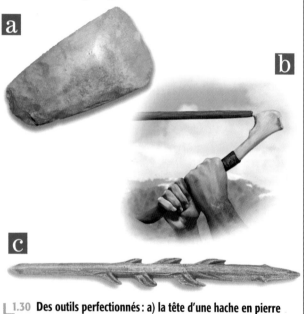

1.30 **Des outils perfectionnés : a) la tête d'une hache en pierre polie ; b) un propulseur de lance ; c) un harpon.**

Ses échanges

L'*Homo sapiens* fabrique des objets de plus en plus nombreux et variés : des outils, des armes, des bijoux, des vêtements. Les divers groupes nomades qui coexistent alors échangent certains de ces objets contre d'autres lorsqu'ils se rencontrent. Les archéologues ont démontré que, voilà 27 000 ans, des groupes d'êtres humains établis en France entretenaient des contacts fréquents et s'échangeaient des coquillages et de l'**ambre**, utilisés pour fabriquer des bijoux.

 Depuis l'*Homo habilis*, l'être humain a continué de perfectionner ses outils et ses armes.

- **Expliquez les changements survenus dans la manière de chasser au cours des 2,5 millions d'années de vie nomade. Pour y arriver, faites un tableau des cinq ancêtres préhistoriques de l'être humain et des armes qu'ils utilisaient. Inscrivez ensuite les animaux que chacun pouvait chasser avec ses armes. Observez bien les illustrations et les photographies présentées aux pages 12 à 23.**

- **Selon vous, comment ces changements aident-ils à expliquer que la chasse occupe une place de plus en plus grande dans le mode de vie de l'*Homo sapiens* ?**

Le pouvoir et la hiérarchie sociale

Au fil des millénaires, la hiérarchie sociale devient plus complexe. Les individus qui exercent le pouvoir se distinguent des autres. Dans plusieurs sépultures, on a trouvé des objets qui démontrent que les individus inhumés occupaient une position plus élevée au sein du groupe. Peut-être ces personnes étaient-elles des chefs, des guides, des sages…

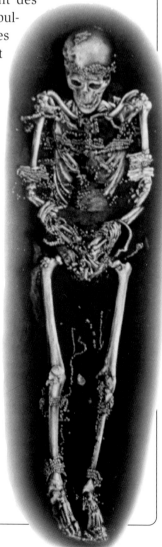

1.31 **Le squelette d'un homme paré de perles, trouvé à Sungir (Russie).**

Le défunt portait des vêtements de cuir et de fourrure, sur lesquels étaient cousues plus de 3000 perles d'ivoire. Il portait également un chapeau orné de dents de renard. Cet habillement semble indiquer qu'il était en situation d'autorité.

Le site de Sungir, découvert par des archéologues, renferme les vestiges d'un campement d'été vieux d'environ 22 000 ans. Les nomades de l'époque y revenaient chaque été.

Son langage

À partir de 50 000 avant notre ère, le langage parlé se raffine. Plus le larynx se modifie, plus les sons produits deviennent complexes. L'*Homo sapiens* peut alors échanger des informations pendant des activités collectives, en particulier pendant la chasse. Avec le langage, une culture se développe et s'enrichit d'une génération à l'autre. La conservation des connaissances par la transmission orale va s'instaurer.

- Observez la figure 1.33. À quoi servaient les œuvres artistiques de l'être humain de la préhistoire ?
- Selon vous, comment les gens de cette époque s'éclairaient-ils dans les grottes ? Comment s'y prenaient-ils pour atteindre la voûte des grottes ?
- Selon vous, avec quelles matières peignaient-ils ? Quels outils utilisaient-ils pour graver la roche ?

Son art

L'*Homo sapiens* produit ses premières œuvres d'art autour de 29 000 avant notre ère. Avec ses outils tranchants, il sculpte dans la pierre, le bois et l'ivoire. Puis, 4000 ans plus tard, il commence à peindre des représentations de son environnement sur les parois des cavernes. On en trouve plusieurs dans le sud de la France et dans le nord de l'Espagne.

La fonction et le sens de ces peintures sont encore mal compris. Magie ? Religion ? Enseignement ? Représentation des astres ? Les scientifiques s'interrogent toujours. Enfin, vers 15 000 avant notre ère, l'*Homo sapiens* fabrique son premier instrument de musique : une flûte sculptée dans un os.

└ 1.32 **Une flûte préhistorique.**

Cette flûte a été fabriquée il y a 10 000 à 15 000 ans avant notre ère dans un os d'oiseau. Elle a été trouvée dans la grotte du Placard, en France.

└ 1.33 **Un détail d'une peinture rupestre de la grotte de Lascaux (France).**

Cette œuvre fait partie d'un vaste ensemble qui remonte à 17 000 avant notre ère.

Les contraintes du nomadisme

Les contraintes du nomadisme au paléolithique sont nombreuses. En voici quelques-unes.

1 **Le climat.** Il suffit d'une période de froid ou d'une sécheresse pour que les fruits sauvages et le gibier deviennent rares. Les populations nomades doivent alors se déplacer jusqu'à ce qu'elles trouvent d'autres sources de nourriture.

2 **Les prédateurs.** Les chasseurs nomades sont en compétition avec les autres prédateurs pour le gibier. Ils doivent en plus se protéger d'eux pour ne pas devenir… leurs proies !

3 **La faible croissance de la population.** L'espérance de vie des gens de cette époque est peu élevée.

Il est aussi probable que le cycle de reproduction des femmes soit ralenti par différents facteurs :

- une alimentation qui ne favorise pas l'accumulation de graisse : un élément essentiel au système reproducteur féminin ;
- l'allaitement prolongé des enfants, la femme étant peu fertile lorsqu'elle allaite.

Toutes ces contraintes ont eu d'importantes conséquences sur le développement des populations. Pourquoi certains groupes nomades ont-ils continué à vivre de cette façon ? Comment expliquer qu'ils ne soient pas devenus sédentaires ? Les chercheurs ont peu de réponses. Toutefois, on sait que l'être humain s'est adapté de différentes façons à son environnement. Dès lors, plusieurs hypothèses sont possibles. Par exemple, certains groupes ont peut-être eu la vie plus facile que d'autres ou ont occupé des territoires moins hostiles. Grâce à ses qualités particulières ou à la forte autorité de son chef, un groupe a pu conserver ses traditions.

De l'ordre dans mes idées

ACTIVITÉ

LE NOMADISME

Vous venez de parcourir plus de 6 millions d'années dans l'histoire de l'humanité. Vous avez appris plusieurs choses et il est temps de mettre de l'ordre dans vos idées.

1. Dans un tableau, présentez les cinq espèces d'hominidés, de l'*Homo habilis* à l'*Homo sapiens*.
   Pour chacun, ajoutez les éléments suivants :
   - l'époque à laquelle ils ont vécu ;
   - les continents sur lesquels ils ont vécu ;
   - les particularités de leur mode de vie (leur habitation, leur alimentation, les outils utilisés, les techniques de chasse, etc.).

2. **a)** Nommez trois caractéristiques du nomadisme.
   b) Nommez trois contraintes du nomadisme.

3 La sédentarisation

Comment l'être humain devient-il sédentaire ?
Pourquoi choisit-il de s'installer en permanence en un seul endroit ?

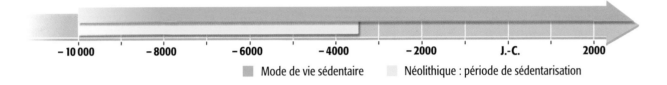

| −10 000 | −8 000 | −6 000 | −4 000 | −2 000 | J.-C. | 2000 |

■ Mode de vie sédentaire □ Néolithique : période de sédentarisation

Un nouveau mode de vie qui s'organise

⌐ **1.34** Des scènes de la vie sédentaire au néolithique.

DEUXIÈME PARTIE **LA VIE SÉDENTAIRE**

L'environnement change

Un territoire dominé par la glace

Le climat de la Terre n'a jamais été stable. Depuis 700 000 ans, il y a eu plusieurs **glaciations**. Chaque période glaciaire est suivie d'un réchauffement qui dure entre 10 000 et 15 000 ans.

Au cours de la dernière période glaciaire, il y a environ 50 000 ans, d'épais glaciers recouvrent une grande partie de l'Amérique du Nord et de l'Europe, ainsi que certaines régions de l'Asie centrale.

Le niveau de la mer est alors 120 mètres plus bas qu'aujourd'hui. C'est dans ces conditions que vivent l'*Homo neandertalensis* et l'*Homo sapiens*.

Le climat se réchauffe

Malgré de petites variations, le réchauffement climatique qui a commencé il y a plus de 15 000 ans se poursuit. Au fil des siècles, la température monte de quelques degrés Celsius (4 °C ou 5 °C en été). Sous l'effet de cette chaleur, les glaciers fondent et libèrent les terres du nord. L'eau qu'ils produisent en fondant fait monter le niveau de la mer. Les passages de glace qui relient certains continents disparaissent alors.

Le réchauffement se fait surtout sentir dans la région équatoriale, entre autres au Proche-Orient et au Moyen-Orient. La chaleur et l'augmentation des pluies rendent le sol de cette région très fertile. La végétation se développe. Ces avantages climatiques et naturels expliquent l'apparition, au néolithique, des premiers établissements humains permanents.

Carrefour science

LES CONSÉQUENCES DU RÉCHAUFFEMENT CLIMATIQUE

Le réchauffement climatique et la hausse du niveau de la mer sont des phénomènes inséparables. Lorsque la température augmente, les glaciers fondent et le niveau des océans monte. Ce phénomène se produit plusieurs fois dans l'histoire de la planète. Aujourd'hui, le phénomène de réchauffement climatique s'accentue. Par exemple, si la fonte des glaciers faisait monter le niveau de la mer de 100 mètres, les côtes des continents seraient inondées et certaines îles, complètement submergées.

⌐ 1.35 **Les effets de la fonte des glaciers.**
Une augmentation de 100 mètres du niveau de la mer provoquerait l'inondation de toute la Floride et de la côte est des États-Unis.

LA VIE SÉDENTAIRE

DEUXIÈME PARTIE

De nouvelles ressources

Dans le Croissant fertile, des forêts de feuillus se propagent, de nouvelles plantes se développent et se multiplient. Des prairies apparaissent et des troupeaux s'y regroupent. Le gros gibier dont les chasseurs-cueilleurs s'alimentent (le mammouth et le rhinocéros laineux, par exemple) s'adapte mal à la chaleur. Il remonte vers le nord à mesure que les glaciers fondent, il devient plus rare, puis il disparaît. Il est remplacé par du petit gibier comme le sanglier, le cerf, la chèvre et le mouton.

Les plans d'eau sont plus nombreux. Dans les régions où le climat s'est le plus adouci, le Croissant fertile et le Moyen-Orient entre autres, le poisson, les mollusques et les crustacés sont très abondants. Tous ces changements rendent la cueillette, la pêche et la chasse plus faciles. L'apparition de nouvelles espèces moins menaçantes facilite la domestication des animaux.

L'abondance de ressources explique en partie la diminution des déplacements et le choix probable de l'être humain de se sédentariser.

Le Croissant fertile

C'est une région au pied des montagnes, où deux grands fleuves coulent : le Tigre et l'Euphrate. Elle offre des conditions naturelles favorables à l'établissement des premiers groupes humains. Grâce à la fertilité du sol de ce territoire, les conditions nécessaires à la survie sont réunies.

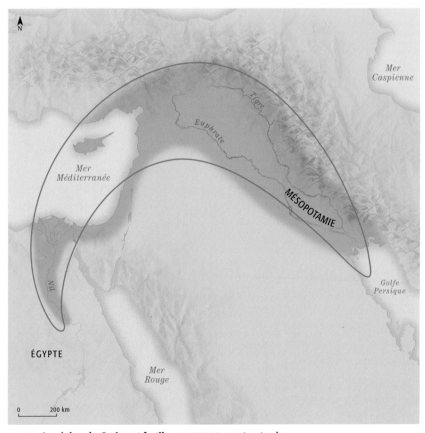

1.36 **La région du Croissant fertile vers 10 000 avant notre ère.**

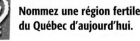 **Nommez une région fertile du Québec d'aujourd'hui.**

De chasseur-cueilleur à producteur

L'agriculteur

Au début du **néolithique**, l'être humain s'adapte au nouvel environnement des régions fertiles qui est propice à la culture. Comme il passe de plus en plus de temps au même endroit, il a l'occasion d'observer les nombreuses plantes. Il commence alors probablement à comprendre le processus de reproduction des plantes. Au fil des siècles, il apprend à «aider» la nature et à exploiter les espèces de plantes qui se trouvent sur ces territoires. Il les **domestique**. Il les sème et les cultive. Il contrôle ainsi leur croissance et leur productivité. C'est de cette façon que naît l'agriculture.

De cueilleur, il devient producteur. Graduellement, dans certaines régions, les céréales récoltées, comme le blé et l'orge, sont transformées en farine. Les plantes comme le lin, le chanvre et le coton sont transformées en fil, puis en tissu. Au lieu d'avoir à se déplacer sur un immense territoire pour aller cueillir les plantes, l'être humain les produit lui-même là où il habite.

a

b

⌐ 1.37 **Du blé sauvage et du blé domestique.**
Le blé sauvage (a) produit des épis à grains peu nombreux qui se détachent de la tige et tombent au sol lorsqu'ils sont mûrs.
Le blé domestique (b), lui, est plus gros et son épi contient un plus grand nombre de grains qui restent attachés à la tige.

 Quel avantage y a-t-il à domestiquer le blé ? Peut-on nourrir plus d'individus en cultivant du blé domestique ou du blé sauvage ?

L'éleveur

Devenu agriculteur, l'être humain commence presque aussitôt à créer des réserves d'animaux en isolant des bêtes dans des enclos naturels. De cette façon, il a facilement accès à sa nourriture et peut constituer des surplus. Les espèces qu'il choisit sont peu agressives et vivent déjà naturellement en troupeaux : il y a le mouton, le porc, la chèvre et la vache. Il semble que le chien a pu jouer un rôle dans le rabattage des troupeaux.

L'être humain apprend donc à contrôler l'alimentation et la reproduction des animaux. Il obtient des animaux plus gros et plus productifs. En chassant les prédateurs qui les menacent, il assure la survie de son bétail — et la sienne. C'est le début de l'élevage.

De chasseur, il devient producteur. Les animaux d'élevage lui fournissent du lait et de la viande, mais aussi du cuir avec lequel il fabrique des vêtements et des objets. L'être humain continue toutefois de chasser, mais il a de moins en moins besoin de se déplacer sur de longues distances pour le faire.

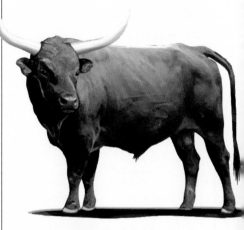

⌐ 1.38 **L'aurochs est un bœuf sauvage. La race s'est éteinte vers 1600.**

La domestication

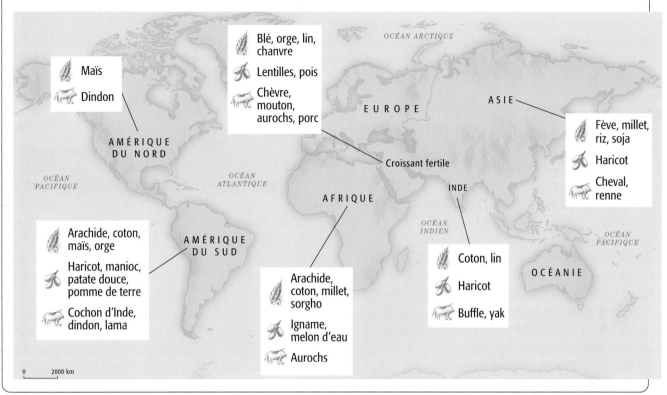

1.39 **Les premières espèces domestiquées au néolithique dans différentes régions du monde.**

Observez la carte 1.39. D'après vous, aujourd'hui, dans les régions illustrées, les agriculteurs cultivent-ils les mêmes plantes et élèvent-ils les mêmes animaux? Justifiez votre réponse.

Où et quand l'être humain devient-il sédentaire?

L'être humain commence à pratiquer l'agriculture et l'élevage vers 10 000 avant notre ère. Ce changement, souvent appelé «révolution néolithique», est un des plus importants de toute l'histoire humaine. En quelques milliers d'années, l'agriculture et le mode de vie sédentaire s'étendent à presque toutes les régions du globe. Partout, près des champs et des enclos, les premiers villages se développent.

Vers 3500 avant notre ère, les agriculteurs occupent la majeure partie des territoires habités. L'être humain vit désormais sur un territoire permanent, beaucoup plus petit que le territoire des populations nomades. Il l'aménage et l'exploite de manière organisée pour assurer sa subsistance. Cependant, le territoire n'est toujours pas délimité. Il semble que chaque groupe occupe l'espace qui l'intéresse sans en établir les limites ni en faire un espace exclusif. Après des millions d'années de nomadisme, il n'aura fallu que 5000 ans pour que le mode de vie de l'être humain soit complètement transformé.

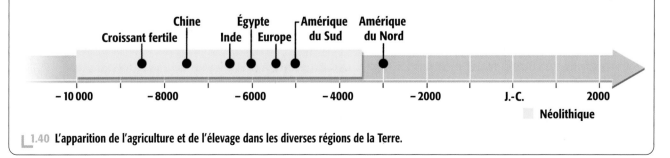

1.40 **L'apparition de l'agriculture et de l'élevage dans les diverses régions de la Terre.**

4 Le village

Du plus petit village à la plus grande métropole, de l'âge de la pierre
au 20ᵉ siècle, l'être humain est devenu presque exclusivement sédentaire.
Comment y est-il arrivé?

Un territoire permanent

L'apparition des villages

Au début, il s'agit sans doute de simples campements dans lesquels les chasseurs-cueilleurs demeurent de plus en plus longtemps. À mesure que se développent l'agriculture et l'élevage, les campements grandissent et deviennent des villages. D'une centaine d'habitants à peine, ils en viennent à abriter plusieurs milliers de personnes.

Avec le temps, les villages s'organisent. Certains d'entre eux sont entourés d'un mur de pierre ou d'un fossé. Les maisons sont de plus en plus solides, souvent bâties sur des fondations de pierre. Les premiers villages sont généralement situés près de plans d'eau où il est possible de pêcher, et sont entourés de champs cultivés et de pâturages.

1.41 **Les premiers villages apparaissent dans le Croissant fertile, mais d'autres villages se développent en Europe.**

Voici une reconstitution du village néolithique de Jarlshof (5000 ans avant notre ère) au nord du Royaume-Uni, dans les terres libérées par la fonte des glaciers. C'est un des rares villages du néolithique entouré de murailles.

Quel lien pouvez-vous établir entre les trois réalités suivantes:
- **les régions fertiles créées par le réchauffement du climat 10 000 ans avant notre ère (carte 1.36, p. 27);**
- **les régions où les humains domestiquent les premières plantes et les premiers animaux (carte 1.39, p. 29);**
- **l'emplacement des premiers villages (carte 1.42, p. 31)?**

1.42 **Quelques-uns des premiers villages connus.**

Témoins de l'histoire

ÖTZI

Un jour de printemps, voilà 5300 ans, la viande commence à manquer dans un village des Alpes. Après avoir mangé du pain de blé et d'orge, des fruits sauvages et un peu de viande, un chasseur d'une quarantaine d'années part en montagne. Il emporte une hache, un sac à dos, une **dague**, un filet, un contenant en écorce, un carquois, un arc et des flèches. Pour se protéger du froid, il porte des vêtements en fourrure et une cape faite de plantes tressées. Il est attaqué par un groupe de chasseurs rivaux et reçoit une flèche dont la pointe de silex reste fichée dans son épaule. Il réussit à s'enfuir, mais il meurt. Est-ce des suites d'une hémorragie ou est-ce le froid qui a raison de lui ?

   Les scientifiques ont baptisé ce chasseur Ötzi, d'après la région d'Ötztal, près de la frontière actuelle entre l'Italie et l'Autriche. C'est là, en 1991, qu'on a découvert son corps : il était pris dans la glace à 3200 mètres d'altitude. Divers examens scientifiques ont permis de reconstruire son apparence, ses vêtements et son histoire.

1.43 **Ötzi, tel qu'il devait être de son vivant.**

1.44 **Le corps d'Ötzi pris dans la glace tel qu'il a été découvert en 1991.**

Mallaha

Le territoire

Mallaha est situé dans la haute vallée du Jourdain, en Israël. C'est un des plus anciens villages connus. Entre 10 000 et 9000 avant notre ère, l'endroit est occupé par trois villages successifs. Situé sur une colline, près d'une source d'eau, il couvre une surface d'environ 2000 mètres carrés. Il surplombe un sol marécageux et abrite de 200 à 300 habitants. Les maisons y sont construites très près les unes des autres, autour d'espaces communs.

La production

Les villageois de Mallaha sont sédentaires, mais ils ne pratiquent ni l'agriculture ni l'élevage. Ils pêchent, ils chassent la gazelle, le sanglier, le chevreuil, la chèvre et les oiseaux. Ils récoltent les céréales sauvages à l'aide de faucilles à lames de silex et les ramènent au village, où ils les transforment en farine à l'aide de meules de pierre. Les habitants de Mallaha fabriquent aussi des bijoux dont on a trouvé des exemplaires.

Le pouvoir et la hiérarchie sociale

À Mallaha, rien ne permet de conclure qu'il y ait une hiérarchie sociale. Les morts sont tous enterrés de façon identique, dans le sol en terre battue des maisons ou dans des fosses communes, sans qu'aucun objet n'indique leur richesse ou leur pouvoir.

 Selon vous, Mallaha était-elle une société égalitaire ? Comment ses habitants prenaient-ils les décisions ?

Habiter à Mallaha...

… c'est vivre dans une petite maison ronde en galets de rivière, de trois à neuf mètres de diamètre. Les vestiges trouvés sur le site archéologique de Mallaha, en Israël, nous informent sur la vie de ce village.

À l'intérieur de la maison, près de la porte d'entrée, il y a un contenant de forme cylindrique, dans lequel on conserve la farine. Au centre, il y a un foyer et, sur le sol, une foule d'objets usuels : de la vaisselle en plâtre (ancêtre de la céramique) et des bols en pierre polie, des broches à rôtir en os, des tranchants en silex, une meule en pierre pour moudre le grain et des figurines sculptées. Il y a aussi divers outils en os pour la chasse et la pêche : des aiguilles, des hameçons, des pointes de flèche et de sagaie, ainsi que des poids en pierre qui s'attachent aux filets de pêche. Le reste de l'espace est utilisé pour s'asseoir, dormir ou faire les travaux quotidiens.

L 1.45 **Maquette du village néolithique de Mallaha.**

Mureybet

Le territoire

Le village de Mureybet est situé sur la rive gauche de l'Euphrate, en Syrie. Sa fondation remonte au tout début de l'agriculture. Le site, qui est occupé par plusieurs villages successifs entre 9000 et 6000 avant notre ère, change beaucoup au fil du temps. Au début, le village comprend une soixantaine de maisons. Celles-ci sont souvent collées les unes sur les autres, parfois séparées par des espaces communs où l'on entrepose les provisions. Les murs sont enduits de chaux. Les habitants de Mureybet planifient l'aménagement de leur village. Au centre de ce dernier, ils érigent des bâtiments communautaires.

L'Euphrate

Une maison rectangulaire

Un bâtiment communautaire

1.46 **Les vestiges archéologiques de Jerf el Ahmar, près de Mureybet.**

Sur ce site, on peut observer l'évolution dans la manière de construire les maisons : de la forme ronde à la forme rectangulaire.

Habiter à Mureybet...

... c'est habiter une petite maison ronde ou rectangulaire, selon les époques. L'intérieur est équipé de toutes sortes d'objets usuels : de la vaisselle en plâtre, de la poterie et des vases en pierre polie. Il y a aussi une meule pour moudre le grain, des figurines et des gravures représentant des animaux, des pointes de flèche et des outils en pierre. Une partie de la vie quotidienne se déroule à l'extérieur, où il y a un foyer.

Dans ce village, les habitants enterrent leurs morts sous les maisons.

1.47 **Les vestiges d'une maison de Mureybet.**

La production

À Mureybet, on a trouvé de très anciens restes de plantes domestiquées. On pense que les populations ont d'abord vécu de la cueillette des plantes sauvages pour, peu à peu, adopter l'agriculture. Les villageois cultivent surtout le blé, l'orge, les pois et les lentilles. Ils continuent de pratiquer la chasse, surtout la chasse à la gazelle, à l'âne sauvage, à l'aurochs et aux oiseaux sauvages. Par contre, ils s'adonnent peu à la pêche. Vers 7000 avant notre ère, ils domestiquent le chat, la chèvre et le mouton. Puis, 300 ans plus tard, ils domestiquent le porc et le bœuf.

DEUXIÈME PARTIE   LA VIE SÉDENTAIRE

Çatal Höyük

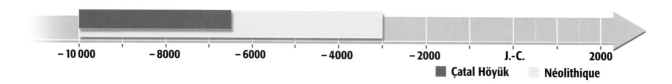

| – 10 000 | – 8000 | – 6000 | – 4000 | – 2000 | J.-C. | 2000 |

■ Çatal Höyük   □ Néolithique

Le territoire

Le village de Çatal Höyük est situé en Turquie, au cœur de la plaine de Konya, sur les rives de la rivière Çarşamba. Cette région marécageuse fournit beaucoup de ressources aux habitants : du bois de chauffage, du poisson, des volatiles, des œufs et des roseaux avec lesquels ils fabriquent des paniers. Au-delà des marécages, la plaine est sèche et accueille une variété de gibiers sauvages comme le cheval, le chevreuil et le sanglier.

Çatal Höyük est le plus grand village de cette période du néolithique. Sa superficie est d'environ 130 000 mètres carrés. Il compte plus de 1000 maisons où vivent environ 7000 personnes. Comme les maisons sont construites sur les ruines des précédentes, le village a fini par former une petite colline.

Le commerce

Çatal Höyük est probablement un centre de commerce important. Les villageois produisent de l'**obsidienne**, qu'ils extraient d'un volcan voisin. Cette pierre est très recherchée. Elle sert entre autres à fabriquer des miroirs et des bijoux. Les villageois produisent aussi des tissus de laine d'excellente qualité. Ils échangent ces marchandises contre des pierres taillées, des coquillages, du cuivre et de la **turquoise**, qui proviennent de villages situés à plusieurs centaines de kilomètres. Plusieurs archéologues pensent que Çatal Höyük dominait économiquement et politiquement la région.

1.48 Une dague en obsidienne trouvée dans les vestiges de Çatal Höyük.

Pour certains archéologues, le manche représente un sanglier. Vu la longueur de son manche (5 cm), on pense que cette dague servait d'objet de cérémonie, non d'arme.

La hiérarchie sociale et le pouvoir

On sait peu de choses sur la hiérarchie sociale à Çatal Höyük. Au cours d'une fouille dans une des maisons, des archéologues ont découvert 64 squelettes. Un d'eux était celui d'un homme âgé qui avait été enterré avec des **amulettes**. Cela indique qu'il avait probablement un certain pouvoir. Après son enterrement, les sculptures religieuses qui décoraient les murs de sa maison ont été brisées et la maison a été abandonnée. Les membres de la famille ont emporté la tête de l'homme dans une nouvelle maison. Cette pratique semble indiquer que cet homme jouait un rôle central au sein de la famille.

Sur une colline de Çatal Höyük, on a trouvé les vestiges d'un quartier regroupant des bâtiments communautaires. Étaient-ce des temples, des lieux pour discuter de politique ? Les scientifiques demeurent incertains à leur sujet.

La production

Les agriculteurs de Çatal Höyük cultivent le blé, l'orge et les pois. Ils élèvent aussi des moutons et quelques bovins. Les artisans produisent une grande variété d'objets : des poteries en terre cuite, des outils de pierre éclatée et polie, des outils tranchants et des bijoux en obsidienne et en os, des nattes et des paniers de jonc tressé.

1.49 Des bagues en os.

Ces bagues ont été trouvées sur le squelette d'un jeune de Çatal Höyük, qui a vécu il y a 10 000 ans.

Habiter à Çatal Höyük…

… c'est habiter un village sans rues où les maisons rectangulaires, en **brique crue**, sont collées les unes contre les autres. Les gens circulent par les toits aménagés en terrasses et se rendent à leurs maisons à l'aide d'échelles. Les archéologues pensent que c'est aussi sur les toits qu'ils cuisinent.

Les petits espaces entre les maisons servent de décharges d'ordures domestiques (restes de boucherie et de table, poteries cassées, etc.) et d'enclos pour des chèvres et des moutons.

1.50 Une fresque de Çatal Höyük.

1.51 Une reconstitution de l'intérieur d'une maison de Çatal Höyük.

Comme il n'y a pas de fenêtres, l'intérieur est certainement très sombre.

Foyer pour la cuisson.

Échelle menant au toit. La fumée du foyer s'échappe par cette ouverture.

On conserve la nourriture à l'intérieur.

Aire centrale où se déroule la vie commune.

Plateformes pour s'asseoir et dormir. Sous ces plateformes, on enterre les morts !

Pour recouvrir la saleté laissée par la fumée du four et du foyer, on enduit les murs de plâtre au moins une fois par année. Dans certaines maisons, il peut y avoir jusqu'à 120 couches de plâtre sur le même mur ! Parfois, les murs sont simplement peints en rouge. Il arrive aussi que l'on y accroche des formes en plâtre, représentant des léopards et des taureaux, dans lesquelles on incorpore les cornes ou la mâchoire de l'animal.

Fondamentalement, le sédentaire est un producteur. Sa production a d'abord répondu à ses besoins. Puis, elle a engendré des surplus. Qu'a fait le sédentaire de ces surplus ? Comment ces surplus ont-ils modifié sa vie ?

Une agriculture de production

Des surplus

À mesure qu'elle gagne en importance dans les sociétés sédentaires, l'agriculture se perfectionne et les outils sont mieux adaptés aux tâches agricoles. Cela augmente le rendement des terres cultivées et les paysans en viennent à produire des récoltes qui dépassent leurs besoins alimentaires. Entreposés, ces surplus leur assurent les semences nécessaires pour l'année suivante. Lorsqu'une récolte est mauvaise, ces surplus servent à nourrir la population.

Pour conserver ces réserves, il faut pouvoir empêcher les petits rongeurs et les insectes de les manger. Les agriculteurs construisent donc des silos dans lesquels ils entreposent les grains et domestiquent… le chat !

Des outils précieux

1.52 Un bâton à fouir.
Le bâton à fouir sert à faire de petits trous dans le sol où les semences seront déposées.

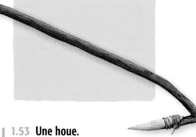

1.53 Une houe.
La houe est une sorte de pioche composée d'un manche en bois et d'une lame de pierre recourbée. Elle sert à creuser des sillons pour les semences. Elle remplace le bâton à fouir.

1.54 L'araire : un outil plus performant.
Sorte de charrue primitive à soc de bois, l'araire est tiré par un bœuf. Il apparaît à la toute fin du néolithique, environ 3500 ans avant notre ère. L'araire permet de creuser des sillons dans le sol. Comme il est plus efficace que le bâton à fouir ou la houe, les agriculteurs peuvent cultiver de plus grandes surfaces et, par conséquent, récolter davantage.

1.55 Une faucille.
La faucille date d'environ 5700 ans avant notre ère. Des lames de silex sont enchâssées dans un manche en bois et collées à l'aide de **bitume**. La faucille sert à couper les tiges des céréales arrivées à maturité.

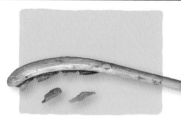

1.56 Une meule en pierre.
Cette meule, découverte à Çatal Höyük, était utilisée vers 7000 avant notre ère par les paysannes. Il s'agit d'une pierre plate sur laquelle les grains sont déposés et broyés à l'aide d'un galet. La farine obtenue, qui est conservée dans un contenant, sert principalement à faire du pain.

LA VIE SÉDENTAIRE

DEUXIÈME PARTIE

Quelques travaux agricoles

└ **1.57 La préparation du sol et l'ensemencement.**

Quand l'être humain a compris le processus de reproduction des plantes, les cultures ont commencé.
Peu à peu, les nouveaux agriculteurs conçoivent des outils qui augmentent la productivité. Par exemple,
le bâton à fouir permet de faire les trous pour les semences et la houe permet de tracer des sillons dans
la terre. La houe sera remplacée par l'araire, plus performant.

└ **1.58 La récolte à la faucille.**

Au néolithique, hommes, femmes et enfants participent aux travaux de récolte. Certains coupent à la
faucille, d'autres attachent les gerbes pour les faire sécher. Une fois les gerbes séchées, ils en détachent
les grains qu'ils nettoient pour ensuite les moudre avec une meule et en faire de la farine.

Des spécialités

Une plus grande division du travail

Dans les sociétés sédentaires du néolithique, la division du travail s'accentue. Chaque individu joue un rôle dans le fonctionnement du village. Pendant les saisons qui ne sont pas propices aux travaux dans les champs, les paysans fabriquent des outils, des vêtements et des objets usuels.

Peu à peu, grâce aux surplus agricoles accumulés, certains individus peuvent assurer leur subsistance sans participer à la production de nourriture. Dans chaque village, des artisans consacrent tout leur temps à la production de biens. Il y a spécialisation des tâches. En se spécialisant, les artisans deviennent plus habiles et développent des techniques plus efficaces. Ils échangent ensuite ces biens contre des produits agricoles dont ils ont besoin pour s'alimenter ou contre d'autres produits artisanaux.

● **Le tissage**
(8e millénaire avant notre ère)

La fabrication de tissus, avec des fibres de lin, de la laine de mouton ainsi que des poils de chèvre, permet la confection de vêtements plus légers et mieux adaptés au climat chaud et humide.

1.59 La reconstitution d'un village en Europe au 3e millénaire avant notre ère.

? • Quelles autres tâches reconnaissez-vous sur l'illustration 1.59 ? Qui exécute ces tâches ?

• Le village fonctionnerait-il aussi bien si une de ces tâches n'était pas accomplie ? Pourquoi ?

● **La vannerie**

(7ᵉ millénaire avant notre ère)

La vannerie consiste à fabriquer des objets comme des paniers, des nattes et des tapis, en tressant des fibres végétales comme la paille et le jonc.

● **La taille de silex** (7ᵉ millénaire avant notre ère)

Le savoir-faire des tailleurs de silex remonte au paléolithique avec l'*Homo habilis* et peut-être plus loin encore. Ces artisans ont développé des techniques de fabrication de lames de silex de plus en plus perfectionnées. Ils n'utilisent plus simplement la percussion, mais aussi la pression sur des pierres d'obsidienne dont ils tirent des éclats. La forme de ces éclats détermine l'utilisation qu'on en fera.

● **Le travail des métaux** (6ᵉ millénaire avant notre ère)

La découverte des métaux, tels l'or et le cuivre, que les artisans martèlent de façon à obtenir une forme particulière, permet la création d'outils, de bijoux et d'articles usuels. Les artisans apprendront plus tard à fondre les métaux et à en faire des alliages. Ils raffineront ainsi la production et augmenteront la résistance des métaux. Vers 3000 avant notre ère, la **métallurgie** devient alors un travail essentiel pour la fabrication d'outils, d'armes et de parures.

● **La poterie** (6ᵉ millénaire avant notre ère)

Au tout début du néolithique, les artisans confectionnent de la vaisselle blanche faite de plâtre. Puis, ils découvrent l'argile et ses propriétés une fois cuite. Ils fabriquent alors des pots et des vases étanches qui servent à cuire les aliments, à conserver l'eau et les grains, et à transporter des marchandises.

1.60 Un pot en terre cuite trouvé dans les ruines de Çatal Höyük.

Les échanges

Les objets de luxe

Bien plus que les surplus agricoles ou les marchandises pour la survie, ce sont les objets de luxe qui constituent la base des échanges commerciaux du néolithique.

Ce qui n'est pas produit par le groupe est acquis au cours des échanges. Des réseaux d'échanges se développent entre les villages, sur des territoires de plus en plus étendus. Chaque village échange les biens qu'il produit contre d'autres qu'il convoite. Métaux, pierres polies, poteries, tissus, céréales, vin sont échangés. Le transport des marchandises se fait à dos d'hommes ou d'animaux, mais aussi par voie d'eau, dans de petites embarcations.

⌐1.61 Un bélier transportant des pots.
Cette figurine en terre cuite a été fabriquée vers 3000 avant notre ère.

 Selon vous, quels sont les objets de luxe aujourd'hui ?

Les humains échangent aussi des maladies !

Les épidémies trouvent leur origine dans la proximité des êtres humains et des animaux domestiqués. À force de côtoyer leur bétail, les populations sédentaires s'immunisent contre des maladies transmises par les animaux comme la rougeole, la grippe, la peste, etc. Mais lorsqu'une population entre en contact avec une autre pour la première fois, ces deux populations n'ont pas la même **immunité**. Une maladie comme le rhume peut alors devenir mortelle. À travers l'histoire, des populations entières sont décimées de cette façon.

argus

Les virus ont toujours existé. Dans nos sociétés modernes par contre, ils voyagent vite ! En raison des moyens de transport rapides et des nombreux déplacements de personnes, les dangers de propagation sont réels. Il faut savoir réagir rapidement pour éviter que chaque nouveau virus ne provoque une épidémie planétaire.

En 2002, par exemple, une nouvelle maladie apparaît en Chine : le syndrome respiratoire aigu sévère (SRAS). En un an, cette maladie a fait 800 morts à travers le monde – ce qui est peu sur une population de 7 milliards de personnes. Mais sans les mesures de sécurité mises en place dès ses premières manifestations, la maladie aurait pu causer une catastrophe !

La propriété, la hiérarchie sociale et le pouvoir

Une hiérarchie plus complexe

À mesure que la consommation et les échanges augmentent, certains villages s'enrichissent et dominent peu à peu un territoire étendu. Des villageois accumulent plus de biens et de marchandises que d'autres. Ces biens échangeables ont une valeur commerciale. C'est de cette façon que naît la propriété qui est le fait de posséder personnellement et exclusivement une chose. Avec la propriété, une nouvelle hiérarchie sociale se développe.

Plus la population et l'économie se développent, plus la société sédentaire devient complexe. Il faut :

- gérer les surplus agricoles et leur échange ;
- coordonner la production de biens ;
- protéger la propriété des individus ;
- diriger les échanges ;
- fixer la valeur des marchandises et des denrées les unes par rapport aux autres ;
- superviser le développement du village ;
- assurer la protection de la population ;
- régler les conflits.

Une forme d'autorité et des règles deviennent indispensables. Une classe dirigeante se met en place et exerce un pouvoir sur la société. Le chef du village, qui joue peut-être aussi le rôle de prêtre, occupe une place de plus en plus importante. Les marchands et les grands artisans, qui s'enrichissent, ont sans doute de plus en plus d'influence. Vers 5500 avant notre ère, dans le Croissant fertile, on voit apparaître les premiers gouvernements chargés de coordonner les divers aspects de la société sédentaire.

Le pouvoir et la hiérarchie sociale derrière les grands travaux

Vers 5000 avant notre ère, les sociétés sédentaires d'Europe réalisent des monuments étonnants avec d'énormes blocs de pierre : les mégalithes. On en trouve des centaines en Irlande, en Angleterre, en France, en Hollande, au Portugal et sur l'île de Malte. Selon l'endroit, il s'agit d'alignements de menhirs, d'assemblages de mégalithes, de grands cercles de pierre ou de buttes allongées servant de tombeaux. Des entreprises d'une telle ampleur impliquent la présence de dirigeants qui organisent le chantier et qui coordonnent les travaux.

Les mégalithes ont une fonction religieuse. Ils abritent des tombes ou servent de temples. Leur construction révèle souvent une connaissance très précise de l'astronomie. À partir de 2800 avant notre ère, sans que l'on sache pourquoi, la construction de ces monuments cesse.

1.62 Le tumulus de Newgrange (Irlande).

À Newgrange, en Irlande, les premiers rayons du solstice d'hiver pénètrent à l'intérieur du mégalithe par une petite ouverture pendant très exactement 21 minutes chaque année.

**Y a-t-il un lien entre le fait d'être sédentaire et la capacité de construire des mégalithes ?
Une forme de coordination était-elle nécessaire pour réaliser des travaux d'une telle importance ?
Expliquez votre réponse.**

6 Les statuettes féminines

Sur presque tous les sites de villages préhistoriques, on trouve des statuettes féminines. Que représentent ces statuettes ?

Un culte des déesses ?

L'énigme des statuettes

Pour les êtres humains de la préhistoire, la fertilité est un mystère. Ils ne comprennent pas encore le processus de reproduction humaine. Ignorant les mécanismes qui précèdent la naissance, ils les expliquent par l'intervention des forces de la nature et de divinités. Déjà, au paléolithique (30 000 ans avant notre ère), ils vouent un culte à la fertilité qu'ils représentent par des statuettes de femmes. On les appelle parfois «déesses», parfois «déesses-mères», parfois «Vénus». Chaque statuette est associée au nom du lieu de sa découverte.

Quelques lieux de découverte

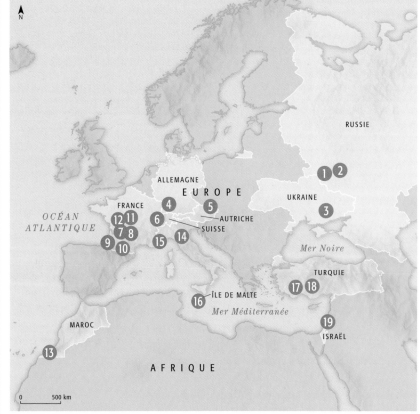

Lieux de découverte
(âge approximatif des statuettes)

1. Avdeevo (20 000 ans)
2. Kostenki (entre 21 000 et 23 000 ans)
3. Gagarino (entre 22 000 et 28 000 ans)
4. Bade-Wurtemberg (30 000 ans)
5. Willendorf (24 000 ans)
6. Neuchâtel (11 000 ans)
7. Monpazier (inconnu)
8. Sireil (inconnu)
9. Brassempouy (30 000 ans)
10. Lespugue (21 000 ans)
11. Laussel (entre 20 000 et 23 000 ans)
12. Laugerie-Basse (15 000 ans)
13. Tan Tan (entre 300 000 et 800 000 ans)
14. Savignano (25 000 ans)
15. Grimaldi (entre 20 000 et 25 000 ans)
16. Île de Malte (6000 ans)
17. Çatal Höyük (8000 ans)
18. Hacilar (8000 ans)
19. Berekhat Ram (entre 230 000 et 800 000 ans)

1.63 **Sites où l'on a trouvé des statuettes féminines.**

La déesse-mère des sociétés sédentaires

La déesse veille sur la production

Dans toutes les sociétés, la survie dépend de la production et de la reproduction humaine. À la préhistoire, il semble qu'on vouait un culte à des statuettes féminines représentant la fertilité.

La déesse-mère de Çatal Höyük

À Çatal Höyük, la déesse-mère est très présente. Dans les maisons, on trouve souvent un sanctuaire aux murs ornés de fresques magnifiques. La déesse-mère y est associée à divers autres éléments, par exemple, le taureau, autre symbole de fertilité, des scènes de chasse et des symboles géométriques.

Trône?
Parure?
Costume?
11 cm
Tête d'enfant?
Léopard?

1.64 **La déesse-mère de Çatal Höyük.**
Cette statuette en terre cuite a été produite entre 7000 et 5000 avant notre ère. Elle a été trouvée par James Mellaart dans les années 1950.

La déesse-mère d'Hacilar

À Hacilar, le culte de la déesse-mère est au centre de la vie religieuse et on trouve une statuette dans chaque maison. Toutes les représentations humaines qu'on y a découvertes sont féminines.

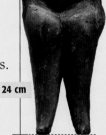

24 cm

1.65 **La déesse-mère d'Hacilar.**
Cette statuette de terre cuite a été découverte dans les années 1950 sur le site du village néolithique d'Hacilar, en Anatolie (Turquie) par James Mellaart. Elle a été fabriquée entre 6200 et 5400 avant notre ère.

La Vénus de Malte

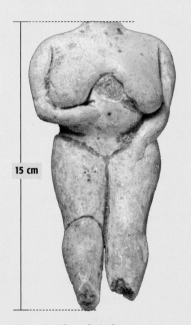

15 cm

1.66 **La Vénus de Malte.**
Cette statuette de terre cuite a été découverte dans les ruines du temple de Hagar Qim, sur l'île de Malte. Ce temple a été construit à partir de 3200 avant notre ère et était voué au culte de la déesse-mère.

- Selon certains experts, la femme représentée par la statuette de Çatal Höyük est assise sur un trône et est en train d'accoucher. D'après vous, pourquoi est-elle assise sur un trône? Est-ce parce que, dans cette société, les femmes jouent un rôle important? parce que la maternité est valorisée? parce que les femmes ont du pouvoir?
- La statuette a été trouvée dans un silo à grains. D'après vous, qu'est-ce que cela pourrait vouloir dire?

DEUXIÈME PARTIE LA VIE SÉDENTAIRE

7 Les effets de la vie sédentaire

L'être humain est devenu sédentaire. Ce n'est pas sans conséquences.
Quelles sont-elles ? Jusqu'à quel point ce mode de vie modifie-t-il
l'existence de l'être humain ?

Une société ?

Une société est un milieu de vie caractérisé par une organisation, des institutions, des normes et des règles de conduite partagées par une population qui vit en groupe structuré sur un territoire donné. Vers 10 000 avant notre ère, le passage au mode de vie sédentaire engendre une nouvelle société qui répond à des besoins différents de ceux de la vie nomade.

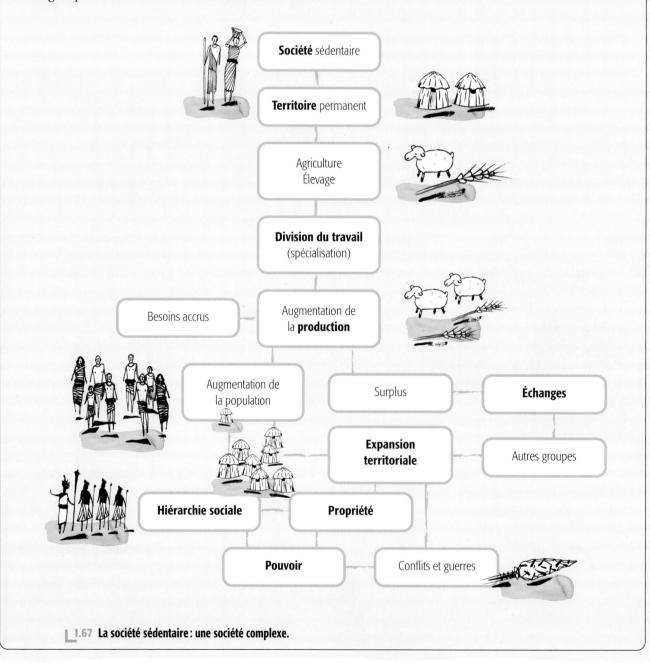

Société sédentaire

Territoire permanent

Agriculture
Élevage

Division du travail
(spécialisation)

Besoins accrus

Augmentation de
la **production**

Augmentation de
la population

Surplus

Échanges

**Expansion
territoriale**

Autres groupes

Hiérarchie sociale

Propriété

Pouvoir

Conflits et guerres

1.67 **La société sédentaire : une société complexe.**

DEUXIÈME PARTIE | LA VIE SÉDENTAIRE

Un territoire de plus en plus peuplé

Le mode de vie sédentaire provoque une forte augmentation de la population. De 6000 à 3000 avant notre ère, la population mondiale estimée passe de 5 millions à 90 millions de personnes.

D'une part, les surplus agricoles permettent de nourrir plus de personnes. Le régime alimentaire est plus équilibré et plus stable. Il y a donc moins d'enfants qui meurent en bas âge et les gens vivent plus longtemps. Le taux de fécondité augmente. Les femmes sédentaires accouchent d'un enfant en moyenne tous les deux ans.

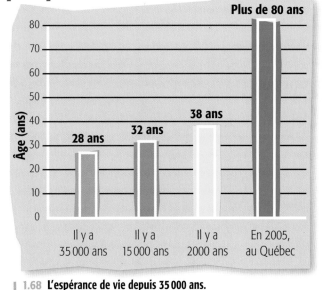

1.68 **L'espérance de vie depuis 35 000 ans.**

Que se produit-il lorsque l'espérance de vie d'une population augmente ?
Expliquez les conséquences d'une augmentation de l'espérance de vie.

Les premiers sédentaires… et la guerre

À mesure que les villages grandissent et que leur population s'accroît, les besoins alimentaires augmentent.

Les agressions et la violence ne sont pas une conséquence du mode de vie sédentaire. Elles existaient déjà chez les nomades. Toutefois, avec le mode de vie sédentaire, les agressions se font à une échelle plus importante, avec des armes de plus en plus efficaces. Elles permettent de s'approprier la nourriture ou les biens qui suscitent inévitablement l'envie de ceux qui en manquent. On a trouvé des traces d'agressions qui datent de 4000 ans avant notre ère dans le nord de l'Europe, lorsque les populations deviennent sédentaires et adoptent l'agriculture.

Les premières sociétés à avoir adopté le mode de vie sédentaire seront les premières à utiliser les animaux pour le combat et à développer des technologies comme la roue et les armes de métal. Elles seront aussi les premières à posséder l'écriture et un pouvoir politique centralisé qui coordonne leurs activités. C'est d'elles que sortiront les premiers empires qui mettront sur pied des armées permanentes et qui se livreront à des guerres de conquête de territoires.

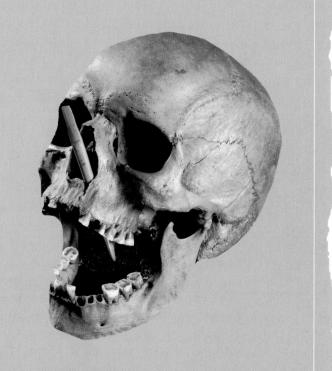

1.69 **Une victime de la guerre ?**

Ce crâne trouvé au Danemark est celui d'un homme mort vers l'âge de 35 ans.

DEUXIÈME PARTIE | LA VIE SÉDENTAIRE

Un travail exigeant

Pour assurer leur survie, les agriculteurs sédentaires du néolithique doivent :

- travailler la terre ;
- semer ;
- récolter ;
- entreposer la production ;
- transformer la production ;
- s'occuper du bétail ;
- entretenir l'habitation ;
- s'approvisionner en eau ;
- fabriquer des outils ;
- fabriquer des vêtements.

Toutes ces tâches représentent plus de dix heures de travail par jour.

Combien d'heures par jour consacrez-vous à des tâches assurant votre survie ?

ACTIVITÉ

Reconstitution

DES OUTILS DU NÉOLITHIQUE

En utilisant les images des outils du néolithique de votre manuel (p. 36), reconstituez un de ces outils en vue d'une exposition sur les métiers de cette époque. Vous devez utiliser des matériaux naturels, comme le bois, le jonc, la pierre, etc. Vous pouvez travailler en miniature. N'oubliez pas de décrire votre **artéfact** et d'expliquer son utilité.

8 La sédentarité et le nomadisme au 21ᵉ siècle

Les sociétés sédentaires actuelles sont-elles construites sur les mêmes bases que les sociétés sédentaires du néolithique?

La société et le mode de vie sédentaire

La société

Qu'elle soit de l'époque néolithique ou d'aujourd'hui, une société sédentaire est organisée de la même manière :

- Elle exploite les ressources de son territoire et elle produit des biens par le travail spécialisé de ses membres.
- Elle répartit le travail entre les individus sur différentes bases.
- Elle procède à des échanges.
- Elle présente une hiérarchie sociale et politique.
- Elle accorde une certaine importance à la propriété. Elle attribue un statut particulier aux propriétaires.

Entre le néolithique et aujourd'hui, il y a donc continuité en ce qui concerne les grandes caractéristiques de la société. Ce qui a changé, au fil du temps, c'est l'envergure des sociétés, leur forme, les moyens qu'on leur consacre et l'importance de chacune des caractéristiques.

Le territoire

Une société sédentaire occupe un territoire en permanence. Un des éléments parmi les plus importants de ce territoire est la présence d'un ou de plusieurs cours d'eau :

- qui rendent fertiles les terres situées à proximité ;
- qui favorisent la présence d'espèces végétales et animales abondantes et diversifiées ;
- qui facilitent le transport et les échanges ;
- qui répondent aux besoins en eau potable.

Ce sont ces critères qui expliquent l'emplacement près des cours d'eau de plusieurs villes et villages au Canada.

La production de la société sédentaire canadienne

L'exploitation forestière

La Colombie-Britannique est la première productrice de bois au Canada. En 2003, ses forêts ont produit une grande quantité de billots : suffisamment pour remplir plus de 30 fois le Stade olympique de Montréal. Pour la même année, la production du Québec, quant à elle, aurait pu remplir le Stade plus de huit fois.

La production sert à combler les besoins de la population canadienne et ceux du commerce.

La culture des céréales

En 2001, les agriculteurs canadiens ont exploité 67,5 millions d'hectares de terres principalement dans les provinces des Prairies (Manitoba, Saskatchewan, Alberta). Les principales plantes cultivées sont le blé, l'orge, le canola, le soya, le maïs, l'avoine, le lin, le seigle et le foin.

En 2004, le Canada a produit 24 462 300 tonnes de blé. Le blé comble des besoins et profite au commerce.

L'exploitation du pétrole

En 2001, le Canada a produit 2 700 000 barils de pétrole par jour, principalement dans les champs pétrolifères de l'Alberta et au large des provinces de l'Atlantique.

La production permet le commerce.

Territoire du Yukon

Territoires du Nord-Ouest

Nunavut

OCÉAN PACIFIQUE

CANADA

Colombie-Britannique

Alberta

Saskatchewan

Manitoba

1.70 **Un aperçu des ressources au Canada.**

L'industrie minière

C'est en Ontario que l'industrie minière est la plus importante. En 2003, sa production de minerais métalliques et non métalliques s'élevait à plus de 5 milliards de tonnes. Le Québec, qui occupe le deuxième rang, en a produit plus de 3 milliards de tonnes.

En 2000, 465 000 Canadiens travaillaient dans le secteur des mines. Selon les minerais extraits, ils gagnaient entre 900 $ et 1200 $ par semaine. La production est assez importante pour exporter les surplus.

L'hydroélectricité

Le Canada est le premier producteur mondial d'hydroélectricité, avec 315 milliards de kilowattheures par an. Le Québec est le principal producteur d'hydroélectricité au Canada. Le barrage Daniel-Johnson de la centrale Manic-Cinq est haut comme un gratte-ciel de 50 étages et long de 1,3 km. La production permet le commerce.

La pêche

C'est dans les provinces de l'Atlantique (Nouveau-Brunswick, Nouvelle-Écosse, Île-du-Prince-Édouard et Terre-Neuve-et-Labrador) qu'est concentrée l'industrie de la pêche. Cette industrie fait maintenant face aux conséquences de décennies de pêche industrielle. Depuis le début des années 1990, les stocks de poisson se sont effondrés et les prises ont diminué de 78 %. Par exemple, les stocks de morue sont passés de 246 000 tonnes en 1990 à 21 000 tonnes en 2002. Pour permettre aux stocks de poisson de se renouveler, le gouvernement fédéral a dû interdire plusieurs types de pêche. La production est fortement menacée.

Baie d'Hudson

OCÉAN ATLANTIQUE

Terre-Neuve-et-Labrador

Québec

Fleuve Saint-Laurent

Île-du-Prince-Édouard

Ontario

Nouveau-Brunswick

Nouvelle-Écosse

Observez les photographies de la production canadienne. Attardez-vous à chaque image pour vous demander quels dégâts écologiques peuvent être provoqués par une exploitation abusive des différentes ressources.

RÉALITÉS D'AUJOURD'HUI   TROISIÈME PARTIE

La production

Depuis les débuts de la sédentarisation, l'être humain n'a jamais cessé d'augmenter sa production de biens. De quelques objets dont il avait besoin pour survivre au début du néolithique, il est passé, vers la fin de cette période, à une production de surplus destinée aux échanges.

Aujourd'hui la production de biens est au cœur de l'économie mondiale. Les moyens de production ont changé. Du travail artisanal des premiers producteurs du néolithique, la société est passée au travail automatisé et même robotisé. La production est transportée sur des distances inimaginables pour les êtres humains du néolithique.

L 1.71 **Une chaîne de montage presque entièrement automatisée.**

La production de masse qui caractérise notre société est de plus en plus robotisée. Souvent, la seule tâche d'un ouvrier est de contrôler la machine qui fabrique un bien. L'industrie produit davantage, plus rapidement et à moindre coût. On est bien loin du travail de la taille du silex au néolithique.

L 1.72 **Des moyens de transport de marchandises performants : le train et l'avion.**

Dans notre société, comme au néolithique, on transporte des produits. Mais la quantité des produits, les moyens de transport et la grandeur du territoire ont changé.

La division du travail

La spécialisation des tâches des travailleurs est une des principales caractéristiques des sociétés sédentaires. Dès les premiers regroupements des êtres humains, chaque personne effectue une tâche dans un secteur d'activité bien précis. Avec le temps, cette division du travail a pour effet de cantonner les hommes, les femmes, les enfants et les personnes âgées dans des tâches de plus en plus définies.

Les scientifiques supposent que cette division du travail selon les sexes est apparue dès le néolithique. Cette division du travail perdure depuis des millénaires. Aujourd'hui, la division du travail selon les sexes est moins nette dans les pays occidentaux, comme le Canada. De plus en plus de femmes et d'hommes étudient ou travaillent dans des domaines jadis réservés à l'autre sexe.

De plus, de nos jours, toujours dans les pays occidentaux, les tâches de beaucoup de travailleurs sont très spécialisées. Pour chaque travail, les tâches sont très précises. Elles nécessitent des qualifications particulières. Il n'est pas rare que l'on dise des travailleurs qu'ils sont des spécialistes : spécialistes en mécanique, en botanique, en médecine, etc. On parle même de surspécialisation.

Secteur d'emploi	Hommes	Femmes
Enseignement	38,1 %	61,9 %
Administration publique	49,3 %	50,7 %
Transport et entreposage	73,6 %	26,4 %
Production de biens	75,1 %	24,9 %
Pêche, mines, foresterie	86,9 %	13,1 %

⌊ 1.73 **La répartition du travail selon le sexe dans certains secteurs d'emploi au Québec en 2003.**

Source : Institut de la statistique du Québec.

 Interrogez vos grands-parents pour savoir quel était leur rôle au sein de leur famille. Comment les responsabilités étaient-elles partagées entre les membres de la famille ? entre les parents ?

Les échanges

Les échanges débutent avec la production de surplus : lorsque les êtres humains produisent plus de biens que ce dont ils ont besoin pour leur survie. Au néolithique la production de surplus engendre le troc. Plus les surplus augmentent, plus les échanges deviennent importants. Du troc, on passe à la monnaie, puis, de nos jours, aux paiements électroniques.

Au néolithique, la valeur des biens s'établit selon le besoin de chacune des parties qui participent à l'échange, par exemple, un poisson pour un outil. Aujourd'hui, la valeur des biens dépend des coûts de production, de la demande et des fluctuations boursières.

⌊ 1.74 **La Bourse de New York.**

Les échanges sont au cœur d'une société. La valeur des produits dépend en grande partie du cours de la Bourse, donc de l'offre et de la demande. Chaque jour à la Bourse, on effectue des milliers d'opérations d'échanges virtuels.

La hiérarchie sociale, le pouvoir et la propriété

La hiérarchie sociale

La vie en société implique presque toujours une hiérarchie sociale. Dans notre société, chaque individu joue un rôle dans cette hiérarchie. Les individus bénéficient d'une plus ou moins grande influence, d'une plus ou moins grande notoriété, ou encore possèdent plus ou moins de biens. Toutes les sociétés contemporaines sont hiérarchisées.

Au cours de la préhistoire, la hiérarchie est simple. Elle est fondée principalement sur le rôle et sur la propriété puis sur le territoire. Avec le temps, la hiérarchie sociale devient si complexe qu'il est difficile d'en faire un portrait.

De façon générale, on découpe la société en trois classes selon les revenus : privilégiée, moyenne et défavorisée. Cependant, il arrive que certains individus soient au sommet de la hiérarchie sociale par leur rôle, leurs responsabilités, leur statut ou leur notoriété sans égard aux revenus. Ces personnes ont du pouvoir et de l'influence.

En fait, la position dans la hiérarchie sociale varie en fonction de plusieurs facteurs comme le type de travail, le sexe, l'origine ethnique, la formation, les revenus, l'histoire familiale, etc.

 La hiérarchie sociale peut donner lieu à la discrimination. Le Canada et le Québec se sont dotés de différents moyens pour protéger les citoyens, par exemple, les chartes des droits et libertés de la personne qui interdisent toute discrimination. Malgré cela, des inégalités surgissent parfois. Quels seraient des exemples d'injustices basées sur le sexe, l'origine ethnique, l'âge ou la religion ?

On dispose désormais de suffisamment de preuves pour établir que le marché du travail canadien offre de plus faibles rémunérations aux minorités visibles. Les femmes de couleur, en particulier, souffrent d'un sérieux désavantage. Les données tirées du recensement de 1986 indiquent que [...] les femmes appartenant à des minorités visibles ne gagnaient qu'environ 49 pour cent du salaire des hommes de race blanche, tandis que les hommes appartenant à des minorités visibles ne gagnaient qu'environ 80 pour cent. Les données du recensement de 1991 démontrent, encore une fois, que les minorités visibles ont gagné bien moins que les Canadiens de race blanche, même une fois prises en compte les différences en capital humain et d'autres facteurs.

Source : «La diversité culturelle au Canada», Peter S. Li, Université de la Saskatchewan, 2000.

Le pouvoir

Pour qu'une société fonctionne bien, les gens qui la dirigent doivent avoir une vision de la façon dont elle évoluera. Ils prennent des décisions en conséquence.

Les premiers villages néolithiques ont pu se développer parce qu'une ou plusieurs personnes ont décidé de s'installer à un endroit et d'y demeurer. Ces premiers décideurs ont exercé un pouvoir sur leur groupe. Il s'agissait peut-être d'un seul individu devenu le chef du groupe. Au fur et à mesure que la taille du groupe augmente, le chef s'associe à d'autres individus pour exécuter les tâches et s'assurer que sa vision se concrétise. C'est probablement la naissance de la hiérarchie politique. Avec le temps, cette hiérarchie s'est complexifiée.

Au contraire des premiers villages du néolithique, les pays d'aujourd'hui sont dirigés par des dizaines, voire des centaines de personnes. Les formes d'organisation politique et de pouvoir se sont multipliées et des **régimes politiques** différents ont vu le jour.

Dans le régime parlementaire canadien, c'est le parti qui fait élire le plus de députés aux élections qui prend le pouvoir et qui forme le gouvernement. Il prend ensuite les décisions au nom de la population qu'il représente.

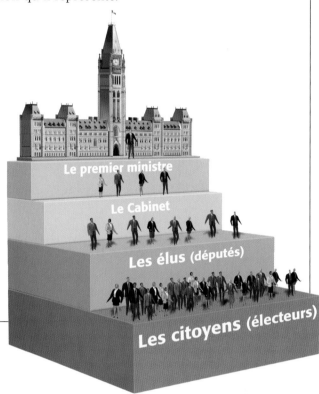

La propriété

La propriété des biens est une réalité héritée du passé, incontournable dans une société sédentaire. En s'installant de façon permanente à un seul endroit, l'être humain s'approprie un espace, il en devient propriétaire. Cette propriété est d'abord collective : le territoire, le village. Puis la propriété devient individuelle : la production artisanale des surplus. Cette production est utilisée pour faire des échanges. La propriété devient un symbole du statut de chacun dans la hiérarchie sociale.

Le bien considéré le plus important, pendant longtemps, est le territoire. Aujourd'hui, le fait d'être propriétaire d'un terrain et de la maison qui s'y trouve est signe d'un certain statut social et procure des avantages. Comme le fait d'avoir accès à des formes de crédit plus avantageuses pour pouvoir acquérir d'autres biens. Au Canada, 64 % des citoyens sont propriétaires-occupants de leur habitation.

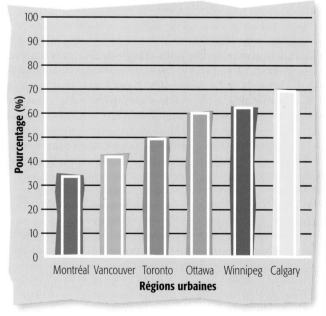

⌐ **1.75 Le pourcentage de gens au Canada propriétaires de leur habitation par région urbaine en 2001.**

Source : Statistique Canada.

Les nomades d'aujourd'hui

Un mode de vie en voie de disparition?

Même si de nos jours la très grande majorité des êtres humains sont sédentaires, certains groupes ont conservé le mode de vie nomade ou semi-nomade. Toutefois, ce mode de vie est menacé. Tout d'abord, les nomades ou les semi-nomades occupent un territoire qui ne leur appartient pas, selon les règles de la société sédentaire. Ils sont souvent évincés. Ensuite, ils doivent faire face à un mode de vie sédentaire auquel ils s'adaptent difficilement. L'industrialisation, la pollution, l'urbanisation et la technologie sont des éléments qui s'opposent à la survie des derniers nomades de notre planète.

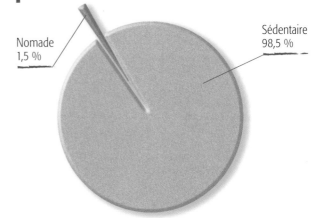

Nomade
1,5 %

Sédentaire
98,5 %

1.76 **La répartition de la population mondiale selon le mode de vie au 21e siècle.**

Les Sans

Les Sans, connus également sous le nom de «Bochimans», sont des semi-nomades qui vivent dans le désert du Kalahari, en Afrique australe. Ils se déplacent en petits groupes selon les mouvements du gibier et la disponibilité de sources d'eau. Ils ne s'arrêtent que quelques jours à la fois au même endroit et habitent des huttes de branchages.

Les Sans ne cueillent et ne chassent que ce dont ils ont besoin. Les femmes cueillent des tubercules et des racines. Elles attrapent des termites, des sauterelles et des serpents. Les hommes chassent le lièvre et l'antilope, parfois des oiseaux et des reptiles.

Les possessions matérielles des Sans se limitent à des outils de pierre. Ils conservent l'eau dans des œufs d'autruche ou des outres de peau. Ils portent des peaux et fabriquent des bijoux et des amulettes.

Les Sans ne font pas de commerce. Les hommes et les femmes ont un statut égal et ils n'ont pas de chefs. Les décisions sont prises en commun par tout le groupe.

Aujourd'hui, le mode de vie des Sans est menacé. L'élevage à grande échelle, l'activité minière et même la création de réserves naturelles pour les animaux en voie d'extinction réduisent leur territoire et menacent leur mode de vie.

1.77 **Un groupe de Sans au cours de leurs déplacements.**

Les Nenets

Les Nenets sont un peuple de bergers du nord de la Russie. Ils ont conservé un lien privilégié avec le renne.

Selon la légende, les Nenets auraient conclu un pacte avec l'animal : ils s'engagent à le protéger et, en échange, utilisent sa fourrure, sa viande et sa force.

Au printemps, les Nenets circulent sur un territoire qui regorge de gaz naturel : le tiers des réserves de la Russie. L'État russe a l'intention d'exploiter cette ressource, ce qui entraînerait une perte de territoire pour les Nenets.

⌐ 1.78 **Un Nenet gardant un troupeau, vêtu de sa « malitsa », un épais vêtement en peau de renne, avec capuche et mitaines intégrées, confectionné par les femmes.**

 D'autres groupes de nomades sont en danger dans le monde. Leur disparition est-elle inévitable ? De quelles façons peut-on les aider à préserver leur mode de vie ? Selon vous, la cohabitation entre sédentaires et nomades est-elle possible ?

Les Agta

Les Agta vivent dans l'est de l'île de Luçon aux Philippines. Ils sont environ 9000 personnes. Pendant des milliers d'années, ils ont vécu bien adaptés à leur milieu.

Aujourd'hui, la déforestation et la pollution ont eu raison de leurs ressources. Gibier et poisson sont devenus difficiles à trouver. Le peu d'espace qui leur reste est occupé par des groupes militaires qui s'opposent au gouvernement. Pour éviter qu'ils ne soient tués par le conflit, le gouvernement les transfèrent dans de petites réserves.

⌐ 1.79 **Un Agta, vivant de façon traditionnelle, ramenant de la chasse un jeune cochon sauvage.**

UNE SOCIÉTÉ À CONNAÎTRE

Vous avez maintenant les outils et les connaissances nécessaires pour analyser une société du passé. À partir des indices du texte ci-dessous, situez Jéricho sur une ligne du temps et présentez les moments importants de ce site archéologique. Ensuite, dans un tableau, présentez vos hypothèses en ce qui a trait à la hiérarchie, aux échanges, au territoire, à la propriété, à la production, à la division du travail et au pouvoir dans la société de Jéricho.

Jéricho, un village néolithique

Jéricho est situé au nord de la mer Morte. Les fouilles archéologiques ont mis au jour l'existence de constructions appartenant à au moins 10 peuplades différentes, au cours de 65 siècles d'occupation. Les plus anciennes traces de cette occupation sont des murs faits de pierres et une surprenante tour dressée à l'intérieur des murs. Ces éléments datent approximativement de 9000 avant notre ère. Au fond de la tour, les archéologues ont découvert 12 squelettes entassés dans un espace réduit. Qui étaient ces gens? Des ouvriers? Des ennemis?

L'eau est indissociable de l'histoire de Jéricho. Aux abords de la source qui a fait naître une oasis verdoyante, bien longtemps avant l'existence des établissements permanents, les archéologues ont trouvé les traces de visiteurs datant de 9500 avant notre ère. Des traces d'utilisation de faucilles, de marteaux et de pilons ainsi que de meules pour moudre le grain donnent des indications sur la production alimentaire. Des amandes et des pistaches, de la viande de gazelle, de daim, de cerf,

de sanglier, des oiseaux piégés et des poissons, selon les vestiges découverts, complètent l'alimentation. Ces animaux étaient-ils élevés en captivité? Les habitants étaient-ils des éleveurs?

D'autres vestiges plus récents (8000 avant notre ère) indiquent la construction de maisons circulaires. On trouve également les vestiges de maisons rectangulaires (7000 avant notre ère). Parmi les habitants, y avait-il des architectes?

Tout aussi étonnante fut la découverte d'un autre mur aux pierres plus grosses, daté de 6000 avant notre ère. La construction de ce mur a sans doute nécessité une organisation sociale de l'entraide. Quarante squelettes y ont été emmurés. Qui a planifié ce travail? Cette construction était-elle une décision commune prise par les membres d'une société hiérarchisée? Pourquoi ces squelettes étaient-ils là?

Jéricho constituait un centre de commerce florissant. De l'obsidienne, des coquillages marins et

L 1.80 **Un mur du village de Jéricho.**

de l'hématite ont été trouvés sur place. Le village de Jéricho était-il sur la route des nomades? Offrait-il en échange des objets précieux, du sel tiré de la mer Morte ou des outils fabriqués sur place?

Jéricho ne sera pas habité pendant près de 2000 ans. Les nouveaux habitants ne construisent aucun lieu public, aucune maison: ils se contentent d'abris rudimentaires. Cependant, fait étonnant, contrairement à leurs prédécesseurs, ils connaissent la poterie. Avec eux se termine la période préhistorique de Jéricho.

À VOS ordinateurs

D'AUTRES DÉESSES

L'étude du néolithique vous a fait connaître quelques statuettes féminines, comme celle de Çatal Höyük. Il en existe plusieurs autres. Afin d'en apprendre davantage à leur sujet, choisissez quelques statuettes parmi celles qui sont mentionnées sur la carte 1.63 de la page 42, puis complétez votre recherche dans Internet.

[méthO]

L'ORDRE CHRONOLOGIQUE

La chronologie est un outil indispensable aux historiens. Elle leur permet d'organiser les événements, généralement en ordre chronologique, donc du plus ancien au plus récent. Pour ce faire, les historiens utiliseront, par exemple, une ligne du temps, où ils situeront les événements marquants d'une période très longue ou plus courte, selon le cas. La ligne du temps ci-dessous représente la division du temps utilisée traditionnellement par les historiens : cinq périodes et des événements marquant la fin de chacune.

La chronologie est utile en histoire, mais aussi dans toutes sortes de situations de la vie où il faut tenir compte du temps.

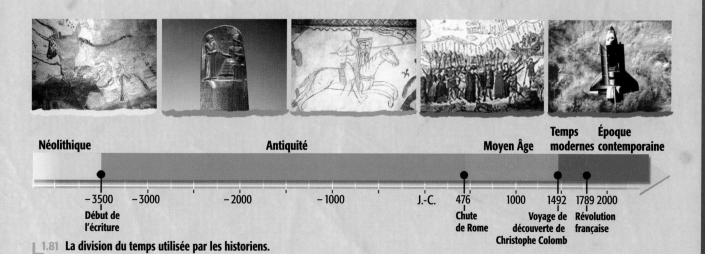

1.81 **La division du temps utilisée par les historiens.**

LES ORGANISMES GÉNÉTIQUEMENT MODIFIÉS (OGM)

Tout au long de ce dossier, vous avez vu l'importance des ressources et de la production dans l'existence des êtres humains. Aujourd'hui, un problème se pose. Pour accroître la production alimentaire, certains groupes et individus proposent une modification génétique des organismes vivants : c'est ce qu'on appelle la transgénèse. Les OGM sont des organismes dont on a modifié la structure génétique afin d'améliorer leur résistance et d'augmenter leur productivité. La figure 1.82 illustre de manière simplifiée les quatre grandes étapes de ce processus.

Cependant, les OGM ne font pas l'unanimité. Les défenseurs des OGM y voient une foule d'avantages. Ils croient que c'est la solution pour assurer la fin de la famine dans le monde et l'élimination de certaines maladies. Les opposants, eux, n'y associent que des dangers et pensent qu'on a affaire à des «bombes génétiques à retardement».

Qui a tort, qui a raison ? Voici quelques arguments des deux groupes.

Étape 1
Identification d'un gène d'intérêt sur l'organisme donneur.

Étape 2
Transfert du gène aux cellules de la plante receveuse.

Étape 3
Régénération des cellules transformées. On obtient une plante possédant des nouvelles caractéristiques.

Étape 4
Transmission du nouveau caractère (par croisement) aux variétés commerciales.

1.82 **Les étapes de la modification génétique.**

pour

- Une meilleure résistance des plantes (au froid, à la maladie, aux herbicides, etc.), donc de meilleures récoltes.
- Une maturation et une croissance plus rapides des plantes, ce qui permet d'offrir des fruits et des légumes frais à tout moment de l'année.
- Un accroissement de la production, donc réduction de la famine.
- Une baisse des coûts de production occasionnée par l'augmentation de la vitesse de maturation.
- La possibilité d'introduire des vaccins ou des médicaments dans la nourriture consommée, ce qui entraîne une diminution des coûts de santé.

contre

- La pollution génétique, c'est-à-dire la modification des **gènes** originaux.
- L'augmentation de l'utilisation des herbicides et des pesticides.
- La disparition totale de certaines plantes et une plus grande résistance des plantes indésirables.
- Une plus grande défense des plantes contre certains insectes et la disparition de ces insectes.
- Les risques pour la santé de l'ajout d'organismes mutants ou dénaturés dans l'alimentation (effets toxiques et allergies, particulièrement chez les enfants).

L'Inde aura 1,51 milliard de bouches à nourrir vers 2020. Elle compte sur les rendements des OGM. Doit-elle produire des plantes dont on aura modifié la structure génétique pour pouvoir nourrir sa population ?

En tant que citoyen ou citoyenne, quelle est votre position par rapport à cette réalité ? Justifiez votre réponse.

1.83 **Les OGM : une solution contre la famine ?**

1.84 **Le message de l'organisation internationale Greenpeace.**

Pour en savoir plus...

DES LIVRES ET DES PÉRIODIQUES

BALLINGER, Erich.
La horde des glaciers
(roman), Toulouse, Milan, collection
« Poche histoire », 2004.

BROOKS, Philip.
Les hommes préhistoriques : À la découverte des premiers hommes,
Bonneuil-les-Eaux, Gamma école active,
collection « Explorons l'histoire », 2002.

CARRADA, Giovanni.
La préhistoire,
Paris, Le Sorbier, collection « Visio », 2000.

DEMERS, Dominique.
Maïna, Tome 1 : L'appel des loups
(roman), Montréal, Québec Amérique,
1997.

FÉRET-FLEURY, Christine.
Chaân : la rebelle (roman),
Paris, Flammarion, 2003.

Les premiers paysans,
Mouans-Sartoux, PEMF, collection
« Bonjour l'histoire », 1996.

DES FILMS ET DES VIDÉOS

Le roman de l'homme (documentaire),
VHS, France, 1997.

Cette série présente les inventions et
les découvertes de nos ancêtres
préhistoriques.

L'odyssée de l'espèce (documentaire),
DVD, France, 2003.

Ce film raconte l'évolution de l'espèce
humaine, des origines à l'être humain
moderne.

... ET ENCORE PLUS

LOUBOUTIN, Catherine.
Au Néolithique : Les premiers paysans du monde,
Paris, Gallimard, collection
« Découvertes », 1990.

ROUZAUD, Anne.
La préhistoire,
Toulouse, Milan, collection « Les essentiels »,
1996.

En mots *et* en images

Ambre
Résine fossilisée d'origine
végétale, dure et transparente.

Amulette
Petit objet que l'on porte sur soi et auquel on attribue
une fonction religieuse ou magique, par exemple protéger
des dangers ou des maladies.

Artéfact
Tout objet produit ou modifié par les humains.

Bipède
Qui marche sur deux pieds. La bipédie est la caractéristique
la plus fondamentale de toute l'ascendance humaine. La forme
du bassin et l'angle des fémurs ont subi d'importantes
modifications au cours de l'évolution humaine.

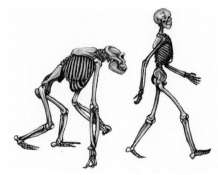

Gorille   **Être humain**

Bitume
Matière naturelle très visqueuse à base de pétrole.

Brique crue
Brique séchée au soleil.

Dague
Arme plus courte qu'une épée mais plus longue qu'un poignard.

Domestiquer
Contrôler la croissance et la reproduction d'une plante ou d'un animal.

Fossile
Les restes d'un représentant d'une espèce conservés dans les roches.

Gène
L'élément localisé sur les chromosomes qui est porteur des caractères héréditaires.

Glaciation
Période géologique pendant laquelle le couvert de glace s'étend. Les glaciations surviennent pour diverses raisons : nuage de poussière empêchant les rayons solaires de réchauffer la planète, modification des courants marins et, par conséquent, des vents, etc.

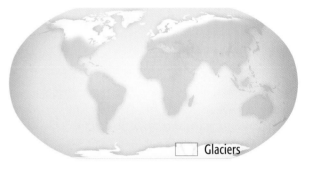

Glaciers

Hominidés
La famille de primates qui comprend tous les *homo*, y compris l'être humain moderne et les singes.

Homo
Expression latine signifiant «homme». Elle désigne, parmi les primates, les hominidés, c'est-à-dire l'espèce humaine. Elle s'accompagne d'un mot qualifiant divers stades de l'évolution de cette espèce : *Homo habilis* («habile»), *erectus* («debout»), *heidelbergensis* (de Heidelberg, ville d'Allemagne), *neandertalensis* (de Neandertal, en Allemagne), *sapiens* («sage»).

Immunité
Protection naturelle contre certaines maladies que développe un organisme vivant grâce à l'action de ses anticorps.

Métallurgie

Procédé de transformation des métaux.

Néolithique

Mot composé de deux mots d'origine grecque : *neos*
(«nouveau») et *lithos* («pierre»). Il indique que les êtres
humains de cette époque utilisaient une nouvelle technique
pour façonner la pierre pour en faire de la pierre polie.
La période néolithique s'étend de 10 000 à 3500 avant
notre ère.

Obsidienne

Pierre noire et vitreuse dont les éclats sont aussi tranchants
qu'une lame de métal.

Paléolithique

Mot composé de deux mots d'origine grecque : *palaios*
(«ancien») et *lithos* («pierre»). Il indique que les êtres
humains de cette époque taillaient la pierre pour en faire
des outils. La période paléolithique commence à l'apparition
des premiers êtres humains, il y a 2,5 millions d'années,
et se termine vers 10 000 avant notre ère.

Paléontologue

Le ou la spécialiste de l'étude des fossiles.

Régime politique

La façon dont une société se gouverne, son système politique.

Rupestre

Qui est réalisé sur une paroi rocheuse.

Théorie

Explication d'un phénomène solidement fondée sur des faits,
des lois, des hypothèses confirmées. Une
théorie solide est généralement acceptée
comme une réalité, mais elle peut quand
même être contestée. C'est le cas de
la **théorie de l'évolution** des espèces
élaborée par Charles Darwin. On utilise
parfois le mot «darwinisme» pour désigner
cette théorie.

Charles Darwin

Turquoise

Pierre de couleur bleu-vert utilisée dans la fabrication
des bijoux.

Des civilisations et des écritures

Civilisation

Depuis le début de l'humanité, plusieurs civilisations ont laissé des traces de leur émergence, de leur développement et de leur rayonnement. Grâce aux nombreux vestiges qu'elles nous ont laissés, et surtout grâce à l'écriture, il est possible de les étudier.

Mais qu'est-ce qui favorise l'émergence d'une civilisation? Où et comment la première civilisation s'est-elle développée? Quel rôle l'écriture a-t-elle joué? Notre civilisation pourrait-elle continuer d'exister et de se développer sans l'apport de l'écriture?

-10 000

-3500

L'émergence d'une civilisatio

PRÉHISTOIRE

● Paléolithique   ○ Néolithique

HISTOIRE

● Antiquité   ● Moyen Âge   ● Temps modernes   ● Époque contemporaine

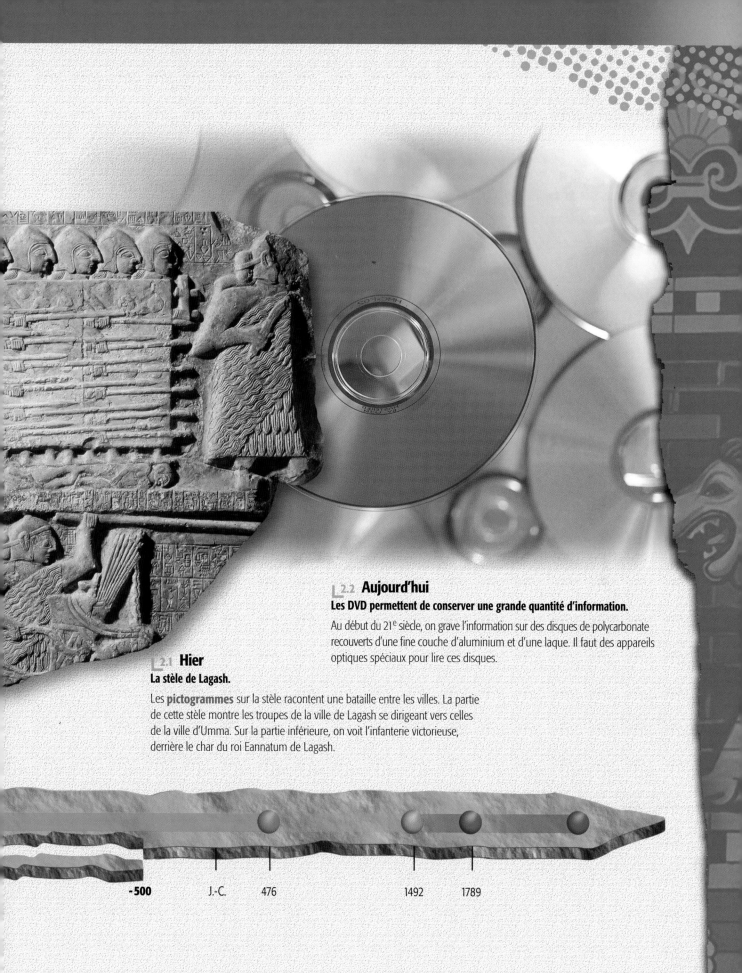

2.2 Aujourd'hui
Les DVD permettent de conserver une grande quantité d'information.

Au début du 21ᵉ siècle, on grave l'information sur des disques de polycarbonate recouverts d'une fine couche d'aluminium et d'une laque. Il faut des appareils optiques spéciaux pour lire ces disques.

2.1 Hier
La stèle de Lagash.

Les **pictogrammes** sur la stèle racontent une bataille entre les villes. La partie de cette stèle montre les troupes de la ville de Lagash se dirigeant vers celles de la ville d'Umma. Sur la partie inférieure, on voit l'infanterie victorieuse, derrière le char du roi Eannatum de Lagash.

-500   J.-C.   476   1492   1789

Sommaire

Des civilisations et des écritures

Coup d'œil sur les réalités du passé

Les premières civilisations marquent la fin de la préhistoire et le début de l'histoire. Ces premières civilisations tirent profit de conditions naturelles favorables pour se développer. Elles se trouvent toutes près d'un grand fleuve bordé de terres fertiles. Le fleuve offre une voie de communication qui facilite les échanges commerciaux. Dans ces civilisations, l'organisation sociale devient de plus en plus complexe. L'écriture joue un rôle clé dans la gestion des échanges commerciaux et dans l'implantation des lois.

La civilisation mésopotamienne se développe sur un territoire situé entre deux fleuves : le Tigre et l'Euphrate. Les Sumériens, à la tête du premier empire de la Mésopotamie, inventent l'écriture cunéiforme. Les nombreux vestiges montrent à quel point cette civilisation est grande et complexe.

La civilisation de l'Indus possède une organisation urbaine très développée. Cependant, son écriture demeure un mystère ; les pictogrammes qui la constituent n'ont pas encore été décryptés.

EUROPE

ASIE

Tigre

Euphrate

Mer Méditerranée

Indus

Huang he

NIL

La civilisation du Huang he (fleuve Jaune) est le royaume du dragon. Les idéogrammes chinois racontent les croyances, les rites et les règles de vie des premières dynasties.

商朝

AFRIQUE

OCÉAN
INDIEN

Dans la vallée du Nil, les Égyptiens se servent de hiéroglyphes pour communiquer par écrit. Les murs des pyramides sont couverts de ces petits signes. Ils rendent hommage aux dieux et racontent les exploits des pharaons.

OCÉAN
ATLANTIQUE

OCÉANIE

0   800 km

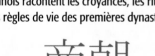 Zone de vallée fertile

⌐2.3 Les premières grandes civilisations.

Les premières civilisations s'organisent toutes près de grands fleuves. Ces civilisations complexes développent des systèmes d'écriture particuliers.

1 Le développement de la civilisation en Mésopotamie

C'est en Mésopotamie que s'est développée une des premières grandes civilisations. Qu'est-ce qui a contribué à l'émergence de cette civilisation ? Comment s'est-elle développée ?

Le territoire de la civilisation mésopotamienne

Les empires en Mésopotamie

Plusieurs peuples dominent à tour de rôle la Mésopotamie. Les Sumériens, les premiers, suivis par les Akkadiens, les Babyloniens et les Assyriens. Différentes langues et cultures se transmettent alors. Chaque peuple a aussi ses propres dieux. Les **empires** que créent ces peuples sont organisés autour de petits royaumes indépendants : les **cités-États**. Dirigées par un roi et administrées par des **fonctionnaires**, ces cités-États contrôlent et exploitent leur territoire. Elles se font souvent la guerre. Les peuples qui se succèdent ont en commun l'utilisation de l'écriture. Ensemble, ils forment la civilisation de la Mésopotamie.

Quels pays occupent aujourd'hui le territoire sur lequel la civilisation mésopotamienne s'est développée ?

La Mésopotamie se renouvelle

| −5000 | −4000 | −3500 | | −2500 | −2330 | −216 |

- Intensification de l'agriculture, de l'élevage et de l'emploi de la céramique

−2600

- Développement de systèmes de **drainage** et d'**irrigation**
  Manifestation d'une organisation sociale complexe
  Avènement de l'architecture

Empire sumérien | Empire akkadien

- Premier système d'écriture

Gilgamesh gouverne la cité d'Uruk. ■

Unification du système d'écriture ■

■ Néolithique   ■ Antiquité

⌐2.4 **La civilisation mésopotamienne dans le temps.**

La Mésopotamie aux mille visages

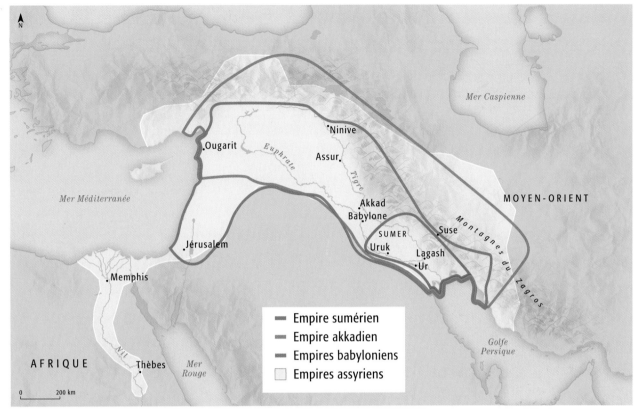

2.5 Plusieurs empires pour une civilisation.

La Mésopotamie est située entre le Tigre et l'Euphrate. Ces deux fleuves fertilisent les terres avoisinantes par leurs **crues** saisonnières. C'est sur ce territoire que se développe une des premières grandes civilisations.

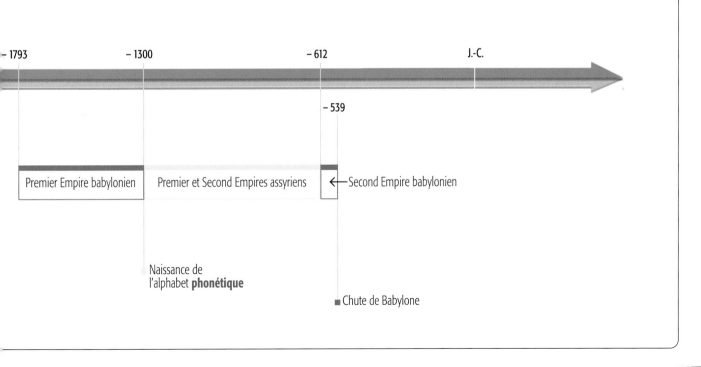

La Mésopotamie, un territoire fertile

Une civilisation fondée sur l'agriculture

L'agriculture est la principale activité économique de la Mésopotamie. Pour profiter des crues du Tigre et de l'Euphrate, les Mésopotamiens mettent au point un système de drainage et d'irrigation. Ils construisent un réseau de digues et de canaux qui acheminent l'eau des crues vers des réservoirs où elle est conservée. Après avoir ensemencé les terres et pendant les périodes de sécheresse, ils renvoient l'eau dans les champs pour les irriguer. Les Mésopotamiens augmentent ainsi leur surface de culture et rendent les terres cultivables plus productives.

2.6 Un système d'irrigation efficace.

La première machine agricole

2.7 Une reconstitution d'un _tribŭlum_.

Environ 3000 ans avant notre ère, les agriculteurs mésopotamiens utilisent déjà une machine agricole. C'est un traîneau en rondins de bois dans lequel des dizaines de longues lames de silex sont fixées avec du bitume. Les archéologues lui ont donné le nom de _tribŭlum_.

Après avoir étendu les céréales récoltées sur le sol, les agriculteurs passent le _tribŭlum_, tiré au début par un homme et plus tard par un animal. Les dents de silex coupent la paille et séparent les grains de leur tige et de leur balle. Les grains sont **vannés** et réservés pour l'alimentation et les échanges. La paille hachée peut être mélangée à l'argile des briques utilisées pour la construction ou à la pâte servant à la poterie. Elle sert aussi à alimenter le bétail.

Carrefour géographie

L'IMPACT DE L'AGRICULTURE MÉSOPOTAMIENNE SUR L'ENVIRONNEMENT

Aujourd'hui, l'irrigation intensive des terres fertiles a plusieurs conséquences. Les roches sédimentaires déposent du sel dans les cours d'eau qui descendent des montagnes. Avec les années, ce sel s'accumule dans le sol. À force d'irriguer les terres, le niveau des eaux souterraines s'élève. Le sel qui se trouve dans le sol remonte alors à la surface et rend les terres moins fertiles. Les Mésopotamiens ont-ils eu ce problème ? Selon les connaissances actuelles, il est impossible de l'affirmer avec certitude, mais beaucoup de spécialistes le croient. L'irrigation intensive, ajoutée à des facteurs climatiques, a rendu le territoire désertique.

La surutilisation du sol et de l'eau, la concentration de rejets des animaux et les fortes odeurs causées par les grands troupeaux ne sont que quelques exemples des impacts de l'agriculture intensive d'aujourd'hui. Les Mésopotamiens ont surexploité leurs sols par manque de connaissances et leurs descendants en subissent les conséquences : leurs terres sont de moins en moins fertiles. Et nous, que laisserons-nous aux prochaines générations ? L'humanité possède les connaissances nécessaires pour faire autrement et elle en a les moyens. Saura-t-elle préserver les terres pour les générations futures ?

2.8 La région de Nippur, au sud de la Mésopotamie.

Cette région autrefois fertile est aujourd'hui un désert.

Selon vous, comment pourrait-on résoudre les problèmes liés à l'agriculture intensive ? Personnellement, que pouvez-vous faire pour changer la situation ?

L'apparition des villes

Les villes

Entre 4000 et 3000 avant notre ère, la population augmente considérablement. Cette croissance démographique donne naissance à des villes où une grande population se concentre sur un petit territoire. Comme le transport des marchandises se fait sur l'eau, les premières villes se développent sur les rives du Tigre et de l'Euphrate, ainsi que le long des canaux. Peu à peu, le pouvoir et le commerce se concentrent dans ces villes. Des bâtiments publics, comme des temples et des palais, sont construits au centre des villes. Certains citadins exercent des fonctions particulières : les scribes, par exemple, sont responsables de noter les transactions ou les événements importants afin d'en garder la mémoire. D'autres citadins se spécialisent, entre autres, dans la fabrication de biens ou le commerce.

Les villages

Comme les villes, les villages se multiplient à cause de l'augmentation de la population. La production agricole demeure l'activité centrale des villageois. Cependant, une forte influence culturelle se fait sentir tout autour des grandes cités-États. Plusieurs villages, atteints par cette influence, adoptent peu à peu de nouvelles manières de vivre.

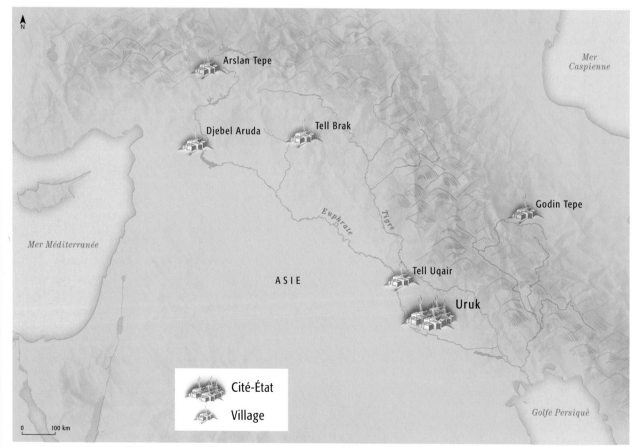

2.9 **Quelques sites de villages ayant connu l'influence culturelle de la cité-État d'Uruk.**

Des signes de l'influence culturelle de la grande cité-État d'Uruk ont été trouvés partout en Mésopotamie, sur différents sites de fouilles archéologiques.

2 La civilisation mésopotamienne

Une civilisation reflète une forme d'organisation sociale complexe.
Comment la civilisation mésopotamienne s'est-elle organisée ?
Quel rapport y a-t-il entre cette civilisation et la cité-État ?

La cité-État

Qu'est-ce qu'une cité-État ?

Le territoire de la Mésopotamie est grand. Vers 3000 avant notre ère, un seul royaume peut difficilement le dominer en entier. Plusieurs cités-États comme Mari, Uruk, Ur, Assur, Akkad et Babylone se développent et contrôlent chacune une partie du vaste territoire mésopotamien.

La cité-État est la capitale d'un petit royaume indépendant. Elle a son propre gouvernement, ses institutions et ses dieux. Elle est le centre politique, administratif, économique et religieux du territoire qu'elle domine et sur lequel se trouvent d'autres villes et des villages. La cité-État est dirigée par un roi qui exerce un pouvoir absolu. Il est assisté de fonctionnaires, surtout des scribes, qui sont chargés d'administrer tous les secteurs de l'État, et d'une armée.

La cité-État est entourée d'une muraille qui assure sa protection. Au cœur de la ville, il y a le palais du roi. Il y a aussi des temples érigés en l'honneur de divinités qui protègent la ville. La cité est divisée en quartiers spécialisés pour les artisans, les ouvriers et les commerçants. Les villageois y viennent pour vendre leurs surplus, acheter les biens dont ils ont besoin et payer leurs impôts.

2.10 Une reconstitution des murs défensifs de Mari.

Avec Ebla et Ur, Mari est une des cités-États dominantes de l'Empire sumérien. Les temples de Mari, son palais et sa salle d'archives sont grandioses.

LA MÉSOPOTAMIE, BERCEAU DE LA CIVILISATION   PREMIÈRE PARTIE

La cité-État domine son territoire

Les cités-États sont fières de leur indépendance. Elles aspirent toutes à grandir, à soumettre leurs voisines et à devenir des empires. Elles se font la guerre pour agrandir leur territoire, pour contrôler davantage les canaux d'irrigation, les routes commerciales et les matières premières nécessaires aux échanges ou tout simplement pour mieux dominer une région.

2.11 La stèle de Lagash.

La stèle illustre la victoire du roi Eannatum de Lagash sur la ville d'Umma. Elle date d'environ 2525 à 2450 avant notre ère.

2.12 Une stèle commémorative.

Cette stèle en grès rose date des années 2254 à 2218 avant notre ère. Elle célèbre la victoire de Naram-Sin, roi d'Akkad, sur les Lullubi, un peuple habitant les montagnes du Zagros. C'est sous le règne de Naram-Sin que le territoire akkadien atteint son sommet.

Témoins de l'histoire

? À l'aide d'un schéma, expliquez le fonctionnement de la cité-État.

SÉMIRAMIS

C'est par une légende grecque que nous est parvenue l'histoire de Sémiramis, reine d'Assyrie et de Babylonie. La légende raconte que cette reine fonde la ville de Babylone et crée les célèbres jardins suspendus. Par la suite, elle établit et administre plusieurs nouvelles villes. On la dit très intelligente et d'une grande beauté. Partout à travers son royaume, Sémiramis apparaît aussi belle lorsqu'elle est vêtue d'une robe et coiffée de sa couronne que lorsqu'elle porte une cuirasse et un casque militaire. C'est d'ailleurs par la force, à la tête d'une petite armée, qu'elle conquiert la majeure partie de l'Orient. Puis, elle règne sur son immense empire pendant près de 42 ans. À la fin de son règne, elle cède son empire à son fils Ninyas. Selon la légende, Sémiramis disparaît alors pendant plusieurs années. Elle monte finalement au ciel sous les traits d'un cygne pour s'éteindre à jamais.

Même si elle paraît invraisemblable, la légende de Sémiramis tire toutefois son origine de la vie de deux grandes reines assyriennes, reconnues dans l'histoire pour ce qu'elles ont accompli. La première, Sammuramat, ordonna des expéditions militaires triomphales contre les Mèdes. La seconde, Naqia-Zakutu, organisa de grands travaux de reconstruction de Babylone.

Pendant plusieurs siècles, la légende de Sémiramis a été une source d'inspiration pour des générations de princesses assyriennes. Celles-ci ont reconnu en elle un modèle de courage, de pouvoir et de perfection. On trouve également ce modèle dans la culture artistique où Sémiramis est souvent représentée par une femme belle et ailée.

2.13 Sémiramis construisant Babylone.

Ce tableau a été peint par Edgar Degas, vers 1862.

La ville de Babylone

La cité-État de Babylone est la capitale du puissant Empire babylonien. Sous le règne de Nabuchodonosor II, au début du 6e siècle avant notre ère, le territoire de l'Empire babylonien s'étend sur la Mésopotamie, la Syrie, la Phénicie et la Palestine.

Le roi Nabuchodonosor II reconstruit complètement Babylone. Il crée une capitale grandiose où habitent 80 000 personnes. Un magnifique palais et 53 temples dominent la nouvelle Babylone. Le principal temple est consacré au dieu de la ville, Marduk. On trouve aussi à Babylone des jardins suspendus spectaculaires et de nombreux monuments qui émerveillent les visiteurs étrangers. Bientôt, la réputation de Babylone se répand de villes en villages.

2.14 **La porte d'Ishtar.**

La porte d'Ishtar est érigée vers 585 avant notre ère, sous le règne de Nabuchodonosor II. Elle est construite en brique recouverte de **faïence** bleue et ornée de la figure du taureau Adad et de celle du dragon Marduk. Entrée principale de Babylone, la porte d'Ishtar est le symbole incontesté de la puissance de cette cité-État.

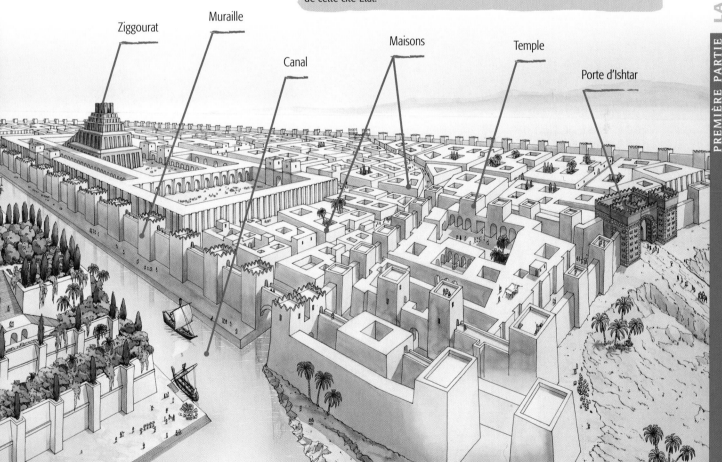

Ziggourat

Muraille

Canal

Maisons

Temple

Porte d'Ishtar

2.15 **Une reconstitution de la ville de Babylone.**

Les jardins suspendus de Babylone

Indépendamment de la légende de Sémiramis, c'est au roi Nabuchodonosor II que les scientifiques attribuent la création des jardins suspendus de Babylone, l'une des Sept Merveilles du monde. Il les aurait fait construire vers 600 avant notre ère, en l'honneur de son épouse Amytis. Il s'agit en fait d'une pyramide formée de terrasses aménagées en jardins et équipée d'un système d'irrigation très complexe. Les terrasses sont reliées entre elles par un grand escalier et soutenues par des voûtes et des piliers en brique. Les plantes et les arbres sont si abondants qu'ils cachent le bâtiment, donnant ainsi aux visiteurs émerveillés l'impression que les jardins sont «suspendus». Des archéologues croient avoir trouvé les fondations des jardins, mais ils n'en sont pas certains.

Outre les jardins suspendus de Babylone, quels monuments de l'Antiquité font partie des Sept Merveilles du monde?

2.16 Une reconstitution des jardins suspendus de Babylone.

L'arrosage des jardins nécessitait le travail de milliers d'esclaves.

La justice, le pouvoir et la hiérarchie sociale

La justice : le Code de Hammourabi

Dans les villes mésopotamiennes, la population est nombreuse. Pour assurer l'ordre, il faut qu'il y ait des lois et ces lois doivent être connues de tous. Dans les années 1600 avant notre ère, Hammourabi, roi de Babylone, fait graver dans la pierre un code de lois qui fixe les pratiques existantes. Les 282 articles du Code de Hammourabi touchent tous les aspects de la vie en société : l'agriculture, le commerce, la famille, la propriété, le travail des artisans, etc. Pour tout manquement, le Code prévoit des sanctions plus ou moins sévères selon le statut social du coupable. L'écriture permet de fixer les règles de manière à les appliquer plus équitablement. Elle permet la diffusion des connaissances et des règles aux scribes des différentes régions. Les scribes font des copies du Code qui sont ensuite distribuées sur tout le territoire. Désormais, les comportements jugés acceptables sont fixés et connus de tous.

§ 8. *Si quelqu'un a volé un bœuf, un mouton, un âne, un cochon ou une barque, si c'est d'un dieu ou si c'est du palais, il le livrera jusqu'à 30 fois ; si c'est d'un* **muskenum**, *il le compensera jusqu'à 10 fois.* [...]

§ 42. *Si quelqu'un a pris en location un terrain pour le mettre en culture et s'il n'a pas fait pousser d'orge sur le terrain, on le convaincra de ne pas avoir travaillé convenablement le terrain, et il livrera au propriétaire du terrain de l'orge dans la même proportion que son voisin.*

§ 215. *Si un médecin a pratiqué une grave incision sur un homme libre au moyen de la lancette de bronze et s'il a sauvé la vie de l'homme libre ou s'il a ouvert l'arcade sourcilière d'un homme libre au moyen de la lancette de bronze et s'il a sauvé l'œil de l'homme libre, il prendra 10 sicles (80 grammes) d'argent.*

(Extrait du Code de Hammourabi traduit du babylonien.)

2.17 La stèle sur laquelle est gravé le Code de Hammourabi.

Cette stèle de **basalte**, d'une hauteur de 2,25 m, a été découverte à Suse, en Iran, en 1901. Au sommet, Hammourabi est représenté debout devant le dieu Shamash, qui lui remet les instruments du pouvoir.

Le gouvernement des villes mésopotamiennes

À mesure que la civilisation mésopotamienne se développe et que sa richesse augmente, un nombre croissant d'artisans et d'ouvriers se regroupent dans les villes. Le roi s'installe dans la cité-État, avec sa suite et ses fonctionnaires. Pour gérer les villes soumises, il nomme des gouverneurs, des administrateurs et des espions qui doivent tout rapporter au palais.

La société mésopotamienne : une société très hiérarchisée

⌐ 2.18 **La hiérarchie sociale en Mésopotamie.**
L'escalier menant au sommet de la ziggourat d'Ur.

Le roi

- Le roi est le chef religieux, politique et militaire de l'État.
- Il exerce le pouvoir sur tous les aspects de l'administration de l'État.
- Il promulgue les lois et il est responsable du maintien de l'ordre, de la paix, de la justice.
- Il coordonne la construction et l'entretien de murailles autour de la ville et des canaux d'irrigation.
- Il est responsable de la protection du territoire.

Le clergé

- Le clergé est dirigé par les grands prêtres qui disposent d'un grand pouvoir.
- Les prêtres et les prêtresses sont les intermédiaires entre les êtres humains et les dieux.
- Le clergé voit au bon fonctionnement des temples.

Les fonctionnaires

- Les nombreux fonctionnaires, dont les scribes, supervisent et administrent les divers aspects du fonctionnement de la société au nom du roi.
- Ils sont classés selon une hiérarchie très complexe.

Les scribes écrivent pour le roi, pour les prêtres et pour les autres fonctionnaires. Comme ils sont les seuls à savoir lire et écrire, ils ont beaucoup de prestige et de pouvoir.

Le peuple

- Les marchands font les échanges. Ils accumulent une certaine richesse.
- Les artisans produisent des biens qui sont échangés.
- Les paysans cultivent les terres. Ils paient leurs impôts en nature. Ils doivent participer à des **corvées** publiques pour l'État.

Les esclaves

- Les esclaves sont au service de leurs maîtres.
- La plupart sont des prisonniers de guerre. Parfois, il s'agit d'enfants vendus par leurs parents pour rembourser une dette.

L'étendard d'Ur

À Ur, comme dans toutes les cités-États sumériennes, le roi exerce seul le pouvoir. La vie à la cour est animée et centrée sur le souverain. Ses victoires sont grandement fêtées, comme en témoigne l'étendard d'Ur. Cet étendard célèbre le roi ainsi que ses liens avec les événements et le peuple de la cité.

Un panneau de l'étendard d'Ur représente la guerre. Il illustre une victoire de l'armée sumérienne. L'équipement identique de tous les soldats montre que l'armée était coordonnée par un pouvoir central.

Le roi, le personnage le plus important, est représenté plus grand que les autres. Il reçoit les prisonniers de guerre et le **tribut** des vaincus.

Les prisonniers de guerre sont escortés vers le roi.

Des fantassins (des soldats à pied), armés d'une hache, terrassent et capturent l'ennemi. Ils portent un casque et sont vêtus de longues capes en cuir renforcées de disques de métal. Ces capes les protègent des haches de guerre, des javelots et des flèches.

Des chars de guerre chargent et piétinent l'ennemi. Tiré par quatre ânes, chaque char transporte deux hommes. Les soldats portent des casques de cuivre martelé, une invention sumérienne.

L'autre panneau de l'étendard d'Ur représente la paix et la célébration de la victoire.

Le roi préside le banquet.

Les invités célèbrent la victoire. Ils boivent du vin ou de la bière, les deux principales boissons en Mésopotamie.

Un musicien joue de la lyre.

⌐2.19 **Les deux principaux panneaux de l'étendard d'Ur.**

L'étendard a été découvert dans une tombe royale d'Ur. Il date d'environ 2500 avant notre ère. Il s'agit en fait d'un objet en bois recouvert de bitume et décoré de coquilles et de pierres de couleur comme la cornaline et le lapis-lazuli.

 Selon vous, que représentent les images de l'étendard d'Ur qui ne sont pas décrites ci-dessus ?

La religion

Des divinités nombreuses

La religion de la société mésopotamienne est polythéiste : les gens croient en plusieurs dieux. Chaque cité est sous la protection d'une divinité particulière. Le roi a beaucoup de pouvoir car les gens croient que ce sont les dieux qui l'ont choisi.

Tout comme la société, le **panthéon** mésopotamien est très hiérarchisé. Chaque divinité a ses responsabilités et certaines sont plus puissantes que d'autres. Les dieux et les déesses sont habituellement représentés sous forme humaine. Même s'ils sont des êtres supérieurs avec de grands pouvoirs, ils ont, comme les êtres humains, des qualités et des défauts, des forces et des faiblesses. Ils se marient, mangent, pleurent et se querellent. Toutefois, contrairement aux êtres humains, ils sont immortels.

Les Mésopotamiens pensent que les divinités influencent leur destinée. Ils essaient donc de s'attirer leur faveur en leur adressant des prières et en leur faisant des offrandes.

Les temples

Chaque ville possède des temples, qui sont la demeure des divinités. Parmi ces temples, il y a les **ziggourats**. Les ziggourats sont de grands édifices en forme de pyramide. Elles sont construites en briques d'argile cuites et peuvent avoir jusqu'à sept étages. Leur sommet abrite probablement un sanctuaire. La ziggourat fait souvent partie d'un complexe religieux réunissant plusieurs temples.

Les prêtres et les prêtresses sont les intermédiaires entre les êtres humains et les dieux. Ils implorent les dieux pour attirer leur faveur sur la cité. Ils célèbrent aussi des cérémonies religieuses et font des sacrifices d'animaux. Ils reçoivent les offrandes des fidèles et transmettent aux dieux leurs demandes.

Pourquoi les édifices consacrés aux divinités sont-ils souvent construits en hauteur ?

Est-ce encore le cas aujourd'hui ?

Justifiez votre réponse.

La ziggourat d'Ur

L 2.20 **Une reconstitution de la ziggourat d'Ur.**

Vers 2100 avant notre ère, le roi sumérien Ur-Nammu fait construire une ziggourat en l'honneur de Sin, le dieu de la Lune. L'édifice a quatre étages. À l'époque, les trois premiers sont peints en blanc et le dernier, en rouge. La photographie montre les ruines de la ziggourat d'Ur, en 1928.

L'épopée de Gilgamesh

L'épopée de Gilgamesh est une légende ancienne qui a été gravée dans l'argile par les Mésopotamiens. Elle raconte les aventures de Gilgamesh, roi de la ville sumérienne d'Uruk. Gilgamesh part à la recherche de l'immortalité après la mort de son ami, ordonnée par la déesse Inanna. Sur son chemin, Gilgamesh rencontre plusieurs divinités. Certaines l'aident, mais d'autres lui nuisent. Il fait aussi la connaissance d'Ut-Naparish-tim et de sa femme, les seuls êtres humains qui ont survécu au déluge déclenché par les dieux et qui sont devenus immortels. Le récit de ce déluge semble avoir inspiré celui qu'on trouve dans la Bible. Gilgamesh finit par découvrir une plante qui rend immortel, mais un serpent la lui vole. Il doit se résigner à être un mortel.

> Ut-Naparish-tim fait construire une barque et la charge de tous ses biens. Il y fait monter sa famille, ses domestiques et des animaux. Puis, le déluge survient.

Le moment prévu, Shamash me l'avait fixé ainsi : il ferait pleuvoir le matin des pains et le soir du froment. « Monte alors dans ta barque, m'avait-il dit, et ferme bien la porte. » Et le moment prévu arriva [...] Je regardai l'aspect du temps, il était terrifiant à voir. Je montai alors dans la barque et fermai bien la porte. Mais auparavant je donnai mon palais et toutes ses richesses à celui qui avait calfeutré la barque. Et lorsque, le matin, parut un peu de jour, monta à l'horizon une noire nuée où le dieu de l'orage ne cessait de gronder. Au devant marchaient les dieux. Nergal arracha les poutres du ciel et Ninourta fit éclater les écluses du ciel. Les dieux portaient des torches et en embrasaient toute la terre. Un terrifiant silence passa alors dans le ciel et changea en ténèbres tout ce qui était lumière. Les fondations de la terre se brisèrent comme une jarre. Un jour entier se déchaîna la tempête, soufflant fougueusement. L'onde, comme une mêlée, passa sur tout ce qui vivait. Les êtres ne se discernaient plus entre eux. [...] Six jours et sept nuits soufflent les vents et la tempête écrase toute la terre. Au septième jour elle s'apaisa. La mer reprit son calme, les vents se turent et le Déluge cessa. [...] La plaine d'eau s'étendait comme un toit sans relief.

Le chant de Gilgamesh, récit sumérien traduit et adapté par Jean Marcel, illustré par Maureen Maxwell, Montréal-Nord, VLB Éditeur, 1979, p. 87-88.

⌐ **2.21** Un extrait de *L'épopée de Gilgamesh*.

⌐ **2.22** Le roi Gilgamesh.

Le roi Gilgamesh aurait vécu vers 2600 avant notre ère. Son épopée est relatée en 12 chants, chacun gravé sur une tablette d'argile. Les tablettes ont été découvertes au 19e siècle, à Ninive, dans le temple de Nabu.

 Lisez le récit du Déluge dans l'Ancien Testament (Genèse, 6-10). Quelles ressemblances y a-t-il entre ce récit et celui de *L'épopée de Gilgamesh* ?

Les échanges

Les produits échangés

Plusieurs matières premières, comme le bois et certains métaux, n'existent pas sur le territoire de la Mésopotamie. Pour obtenir ce dont elles ont besoin, les cités-États échangent leurs surplus agricoles et les biens produits par leurs artisans : des tissus, des objets de métal, des poteries, des bijoux, des objets de cuir et des œuvres d'art. À mesure que les échanges deviennent plus importants, une classe de marchands se forme et s'enrichit.

Parmi les produits rapportés par les marchands mésopotamiens, le lapis-lazuli, une pierre bleue qui provient du sud de l'Afghanistan, est considéré comme un bien très précieux. Les artisans utilisent le lapis-lazuli pour faire des bijoux, des incrustations dans des objets de luxe, de la poudre pour colorer la céramique, des amulettes et toutes sortes d'autres petits objets.

Plusieurs produits échangés sont mis dans des sacs. Les sacs sont scellés à l'aide de petits scellements et de sceaux. Le nom du vendeur et celui du destinataire sont inscrits sur les sceaux.

⌞ 2.23 **Un sac et son scellement.**

Principaux produits locaux (exportés)
• Les produits agricoles, en particulier le grain et l'orge.
• Le poisson, le vin, la bière et l'huile sont exportés dans des jarres en terre cuite. 
• Le bétail est abondant en Mésopotamie. C'est une marchandise importante. 
• Les tissus sont considérés comme les meilleurs sur le marché.

Principaux produits étrangers (importés)	
• Le bois de construction et les radeaux en bois.	Liban, montagnes du Taurus, montagnes du Zagros
• Les pierres semi-précieuses et les métaux :	
– Cornaline (bijoux ou incrustations dans des objets de luxe)	Afghanistan
– Lapis-lazuli	Afghanistan
– Or	Iran, Anatolie, montagnes du Taurus, Arabie, peut-être aussi Inde et Égypte
– Cuivre	Anatolie, Arabie, Arménie, Chypre, peut-être aussi Inde
– Étain	Chaînes du Khorassan
– Plomb	Élam et Cappadoce
• La pierre à bâtir (par bateau)	Montagnes environnantes
• L'ivoire	Afghanistan
• Les vases en stéatite (une pierre tendre, grise ou verte)	Arabie et Iran
• Les vases d'albâtre (une pierre dure, blanche)	Iran, peut-être aussi Égypte

⌞ 2.24 **Les échanges en Mésopotamie.**

Le transport des marchandises

Le bateau joue un rôle de premier plan dans le transport des produits échangés. Naviguant sur les canaux ainsi que sur les cours d'eau, les bateaux transportent les marchandises jusqu'à leur destination. Ensuite, ils repartent, chargés d'autres marchandises.

Le transport par voie terrestre se fait surtout à dos d'âne. Lorsque les distances à franchir sont courtes, on utilise aussi des chariots tirés par des bêtes de somme. Les caravanes d'ânes qui traversent le pays comptent souvent plusieurs centaines de bêtes.

2.25 **Deux moyens de transport terrestre.**

Observez les données de la figure 2.24. Les biens importés par les Mésopotamiens vous semblent-ils essentiels ou superflus? Les biens qu'ils exportent sont-ils essentiels ou superflus? Selon vous, cette situation donne-t-elle un avantage à la Mésopotamie? Expliquez votre réponse.

argus

L'INVENTION DE LA ROUE

Vers 3500 avant notre ère, les Mésopotamiens commencent à utiliser la roue. La roue deviendra vite essentielle dans le transport des marchandises. Nous connaissons tous l'importance de cette invention et ses nombreuses applications (chariots, poulies, engrenages divers, etc.). Mais quelqu'un a-t-il vraiment « inventé » la roue? Cela est peu probable. L'invention de la roue semble plutôt le résultat d'une série d'observations. Les Mésopotamiens se rendent probablement compte qu'il est plus facile de déplacer un objet lourd s'il est rond ou si on le fait rouler sur des troncs d'arbre. Puis, ils utilisent une partie de tronc d'arbre en guise de roue. Plus tard, ils fixent deux roues à un moyeu qui supporte le poids de l'objet à déplacer, par exemple sur un chariot.

Certains peuples, comme les Mésopotamiens et les Chinois, sous la dynastie Shang, en Chine, connaissent la roue. Par contre, d'autres peuples, comme les Incas du Pérou, ne la connaissent pas. Pourquoi? Le mystère reste entier.

2.26 **Un chariot mésopotamien (détail de l'étendard d'Ur).**

3 L'écriture en Mésopotamie

C'est parce que la civilisation mésopotamienne s'est beaucoup développée que l'écriture a été inventée. Un système d'écriture garantit la mémoire d'une société. Sans écriture, les sociétés peuvent-elles connaître leur identité, communiquer, partager des connaissances?

La naissance de l'écriture

L'écriture cunéiforme

Le premier système d'écriture apparaît en Mésopotamie, vers 3500 avant notre ère. Ce sont les Sumériens qui l'ont inventé. Comme ils utilisent des signes qui ont la forme de coins, on dit qu'il s'agit d'une écriture **cunéiforme** (en latin, *cuneus* veut dire «coin»). Au début, les Mésopotamiens utilisent des pictogrammes. Les pictogrammes sont des dessins qui représentent un personnage ou un objet. Ils ajoutent ensuite des signes pour exprimer une idée ou un concept. On appelle ces signes des **idéogrammes**. Finalement, un pictogramme en vient à désigner un son. Il s'agit alors de **phonogrammes**. L'écriture mésopotamienne compte jusqu'à 600 signes différents. Vers 1300 avant notre ère, apparaît l'alphabet phonétique attribué aux Phéniciens. Cet alphabet comprend 30 signes cunéiformes qui représentent des consonnes. Chaque signe représente un son.

L'écriture permet de fixer de façon permanente des nombres et des idées. Grâce à elle, une civilisation peut mieux administrer ses activités, conserver ses connaissances et les transmettre.

2.28 **Une tablette comptable datant de 3300 avant notre ère.**
Sur cette tablette, un scribe a dressé l'inventaire d'un troupeau de chèvres et de moutons.

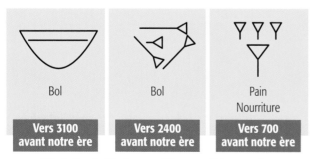

Bol	Bol	Pain Nourriture
Vers 3100 avant notre ère	**Vers 2400 avant notre ère**	**Vers 700 avant notre ère**

2.27 **L'évolution de l'écriture cunéiforme en Mésopotamie.**

2.29 **Une tablette cunéiforme datant de 2400 avant notre ère.**

L'écriture des nombres

Les Mésopotamiens sont d'excellents mathématiciens. Ils se servent de tables de multiplication et de division, et ils connaissent les racines carrées et la géométrie. Ils utilisent un système sexagésimal (numérotation à base 60) dont plusieurs traces subsistent encore aujourd'hui.

- L'heure est divisée en 60 minutes et chaque minute est divisée en 60 secondes.
- Le cercle est divisé en 360 degrés.

⌐2.30 Des *calculi*.

Avant l'apparition d'un système d'écriture, les gens comptent à l'aide de petits objets en argile. On appelle ces objets des *calculi*. Pour faire des échanges, des *calculi* sont livrés avec les biens. Selon la forme des *calculi* et les marques qu'ils portent, le destinataire peut savoir combien de biens lui sont livrés.

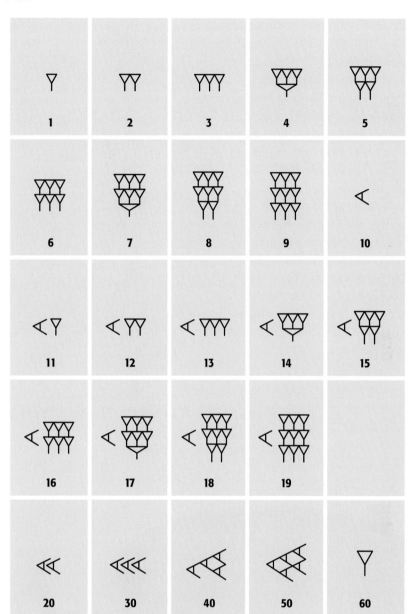

⌐2.31 Les nombres en écriture cunéiforme.

Pour écrire les nombres, les Mésopotamiens utilisent le clou ⟨Y⟩, qui représente une unité, et le chevron ⟨◁⟩, qui représente une dizaine. Pour écrire les nombres de 2 à 9, ils associent des clous. Pour écrire les dizaines de 20 à 50, ils associent des chevrons. Pour écrire les nombres entre les dizaines, ils combinent les chevrons et les clous. Quant au nombre 60, ils le représentent par un clou, plus grand que celui de l'unité. Pour écrire 35, par exemple, il suffit de combiner trois dizaines ⟨◁◁◁⟩ et cinq unités ⟨Y⟩.

 Selon vous, à quoi le calcul servait-il chez les Mésopotamiens ?

La mesure du temps

Les Mésopotamiens s'intéressent à l'astronomie. Ils découvrent les **équinoxes** de printemps et d'automne, et identifient plusieurs étoiles. Grâce à l'écriture, ils peuvent noter leurs observations de certains phénomènes. Cela permet aux Babyloniens de mettre au point un calendrier très proche du nôtre : une année basée sur les cycles de la Lune et qui compte 12 mois de 29 ou 30 jours. Tous les six ans, ils ajoutent un mois à l'année pour faire coïncider l'année lunaire avec l'année solaire.

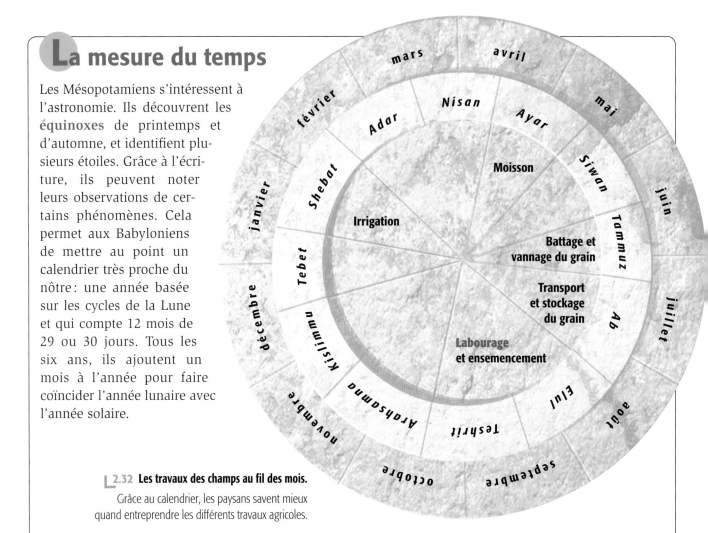

L 2.32 **Les travaux des champs au fil des mois.**

Grâce au calendrier, les paysans savent mieux quand entreprendre les différents travaux agricoles.

L 2.33 **Deux instruments anciens pour mesurer le temps.**

La clepsydre (a) est une horloge à eau. Des repères sont marqués sur la paroi intérieure d'un vase percé d'un trou. À mesure que l'eau s'écoule, le niveau d'eau à l'intérieur indique le temps écoulé.

Le gnomon (b) est un cadran solaire formé simplement d'un bâton planté dans le sol. La longueur de l'ombre du bâton permet de connaître l'heure.

Carrefour mathématique

LE THÉORÈME DE PYTHAGORE... AVANT PYTHAGORE !

Le théorème de Pythagore est un concept important en mathématique. Comme son nom l'indique, il a été découvert par le philosophe et mathématicien Pythagore, au 6e siècle avant notre ère. Selon ce théorème :

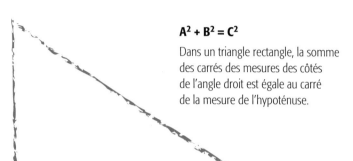

$$A^2 + B^2 = C^2$$

Dans un triangle rectangle, la somme des carrés des mesures des côtés de l'angle droit est égale au carré de la mesure de l'hypoténuse.

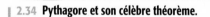

2.34 **Pythagore et son célèbre théorème.**

Surprise ! La tablette Plimpton 322, écrite en babylonien ancien vers 1800 avant notre ère (c'est-à-dire plus de 1000 ans avant Pythagore), contient 15 exemples du célèbre théorème ! Une fois de plus, on constate que l'humanité progresse de façon irrégulière : une connaissance peut être découverte, puis oubliée, puis redécouverte ailleurs, plus tard.

2.35 **La tablette babylonienne Plimpton 322.**

Cette tablette d'argile fait partie de la collection Plimpton (numéro 322 au catalogue), conservée à l'Université Columbia (New York). Elle a été découverte en 1930, dans le désert de l'Irak.

La maîtrise de l'écriture

Les outils du scribe

Le scribe est le spécialiste de l'écriture. Il utilise le calame pour graver des signes sur une tablette d'argile humide. Le calame est une tige de roseau taillée en biseau ou en pointe (en latin, *calamus* signifie «roseau»). Pour corriger une erreur, le scribe mouille l'argile, écrase les signes et recommence. Une fois le texte terminé, il fait sécher la tablette au soleil.

2.36 **Un calame.**

Un long apprentissage

L'écriture cunéiforme est complexe. Ce n'est pas tout le monde qui peut l'apprendre et la maîtriser. Le scribe, qui maîtrise cet art, a énormément de prestige.

Pour devenir scribe, un élève doit étudier longtemps, car il doit maîtriser tous les signes. L'extrait suivant, traduit d'une tablette cunéiforme datant de 1749 avant notre ère, décrit la journée habituelle d'un élève. Il témoigne aussi du rôle unique des scribes dans la société mésopotamienne.

2.37 **La tablette d'argile de la composition littéraire d'un jeune scribe.**

«*Qu'as-tu fait à l'école?*

— *J'ai récité ma tablette, j'ai déjeuné, puis j'ai préparé ma nouvelle tablette; je l'ai couverte d'écriture, je l'ai terminée; puis on m'a indiqué ma récitation, et dans l'après-midi on m'a indiqué mon exercice d'écriture...*

— *... Puisses-tu atteindre les sommets de l'art du scribe... de tes frères, sois le guide, de tes amis, le chef... tu as bien accompli ton éducation, tu es désormais un homme de savoir.*»

2.38 **Des scribes assyriens.**

Ce bas-relief représentant des scribes provient d'un palais royal de la cité assyrienne de Ninive.

La conservation des écrits

Les tablettes d'argile séchée sont conservées dans des bibliothèques et des archives. Elles sont déposées dans des casiers séparés, probablement à cause de leur fragilité. Les archéologues ont trouvé plusieurs de ces dépôts, et leur contenu a permis de mieux connaître la civilisation mésopotamienne.

Une grande bibliothèque a été construite à Ninive, sous le règne du roi assyrien Assurbanipal (de 668 à 627 avant notre ère). Une bibliothèque de ce genre pouvait contenir des milliers de documents.

 Comment nomme-t-on les personnes qui travaillent dans les bibliothèques ? Comment nomme-t-on celles qui s'occupent des archives ?

BIBLIOTHÈQUE ET ARCHIVES NATIONALES DU QUÉBEC

En 2001, le gouvernement du Québec adopte une loi qui crée la nouvelle Bibliothèque nationale du Québec (BNQ), maintenant Bibliothèque et Archives nationales du Québec (BAnQ). La construction de l'édifice du boulevard De Maisonneuve, à Montréal, appelé la Grande Bibliothèque, a coûté plus de 140 millions de dollars. La Grande Bibliothèque a ouvert ses portes le 30 avril 2005. Elle offre plus de 4 millions de documents répartis sur 33 000 m².

L'institution compte plusieurs grandes collections, dont la collection patrimoniale québécoise. Cette collection contient presque tous les documents qui ont été publiés au Québec. S'y trouvent également les ouvrages étrangers qui traitent du Québec. En rassemblant la quasi-totalité des documents publiés de l'histoire du Québec, la BAnQ assume le rôle de mémoire collective de notre société. De son côté, la collection universelle de prêt et de référence contient des livres, des enregistrements sonores, des films, des cartes et des plans, etc. Quant à la collection en généalogie, elle permet à ceux et celles qui veulent réaliser leur arbre généalogique de rechercher la trace de leurs ancêtres.

La Grande Bibliothèque se veut un carrefour d'échanges culturels ainsi qu'un lieu d'information et de formation.

2.39 **La Grande Bibliothèque est le lieu de diffusion des grandes collections.**

Un outil de communication irremplaçable

La stèle de Mesha

Grâce à l'écriture, les scribes peuvent conserver presque intact le souvenir des moments les plus glorieux d'un roi et faire vivre sa légende. C'est aussi en étudiant et en décryptant les écrits des scribes que les historiens parviennent à connaître le passé.

Vers 842 avant notre ère, Mesha, roi de Moab, vainc le royaume d'Israël. Plus tard, il fait ériger une stèle pour commémorer l'événement. Le texte, gravé en hébreu ancien, confirme le récit biblique de la guerre entre Moab et Israël. Appelée aussi pierre de Moabite, la stèle de Mesha, en basalte noir, a été découverte en 1868, à Dibôn (Jordanie actuelle), à une vingtaine de kilomètres à l'est de la mer Morte.

⌐ 2.40 La stèle de Mesha.

Je suis Mesha, fils de Kemosh, roi de Moab.

[…]

Et Kemosh me dit : « Va, prends Nebô sur Israël ! » J'allai de nuit et je combattis contre elle depuis le lever de l'aube jusqu'à midi. Et je la pris et je la détruisis toute [...].

Je pris de Moab deux cents hommes, tous ses chefs, et je les portai contre Yahats et je la pris pour l'annexer à Dîbôn. C'est moi qui ai bâti Qerihô, la muraille des forêts et la muraille de la citadelle. C'est moi qui ai bâti ses portes et moi qui ai bâti ses tours. C'est moi qui ai bâti le palais du roi et moi qui ai fait les murs de soutènement du bassin pour les eaux au milieu de la cité. Il n'y avait pas de citerne au milieu de la cité, dans Qerihô, aussi donna-t-on cet ordre à tout le peuple : « Faites-vous, chacun, une citerne dans votre maison ! » Et je fis tailler les poutres pour Qerihô par les prisonniers d'Israël. C'est moi qui bâtis Aroér et c'est moi qui fis la route dans la vallée de l'Arnon.

C'est moi qui rebâtis Bet Bamot, car elle était détruite. C'est moi qui rebâtis Bètsèr, car en ruines elle était, avec cinquante hommes de Dîbôn, car tout Dîbôn est sous mon obédience. Moi je régnai sur la centaine de cités que j'avais annexées au pays de Moab.

(Extrait de la stèle de Mesha traduit de l'hébreu ancien.)

Relisez l'extrait de la stèle de Mesha. Qu'est-ce que ce texte vous apprend sur l'événement raconté et sur celui qui l'a écrit?

Le cadastre de Dunghi

La civilisation mésopotamienne est beaucoup plus complexe que les premières sociétés sédentaires. Au nom du roi, les fonctionnaires doivent gérer de nombreuses opérations dans plusieurs domaines. La propriété privée devient un signe de richesse et de puissance. Les **droits de propriété** sont répertoriés dans des **cadastres**. Cela permet de connaître la taille et la valeur des terres. On peut ainsi établir le montant des impôts que chaque paysan doit payer. Le cadastre de Dunghi est le plus ancien plan connu d'un territoire.

L 2.41 **Le cadastre de Dunghi.**
Cette tablette d'argile, découverte à Tello, dans le désert Arabique, porte le cadastre de la ville de Dunghi.

 Pourquoi les scribes sont-ils les seuls à maîtriser l'écriture dans la société mésopotamienne ?

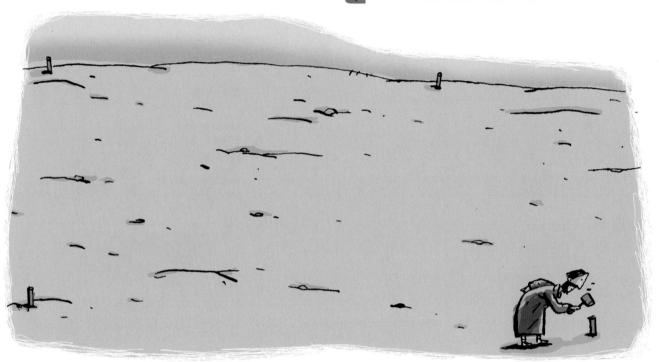

 ## Reconstitution

L'ÉTENDARD D'UR

Vous avez observé et étudié l'étendard d'Ur (pages 78 et 79). À vous maintenant de créer l'étendard du Québec.

Suivez les étapes décrites ci-dessous.

1. Reconstituez un des panneaux de l'étendard d'Ur.

2. En vous inspirant du contenu de ce panneau, créez un second panneau sur le Québec. Servez-vous de l'information que vous trouverez dans la troisième partie de ce dossier (pages 116 à 123).

3. Organisez une exposition et créez un concours pour déterminer l'étendard le plus révélateur.

ACTIVITÉ

4 La civilisation du Nil

La civilisation du Nil occupe un immense territoire. Comment organise-t-elle son pouvoir? Chaque jour, une foule de transactions économiques et d'activités administratives se déroulent. Comment en garde-t-elle la mémoire?

La civilisation du Nil

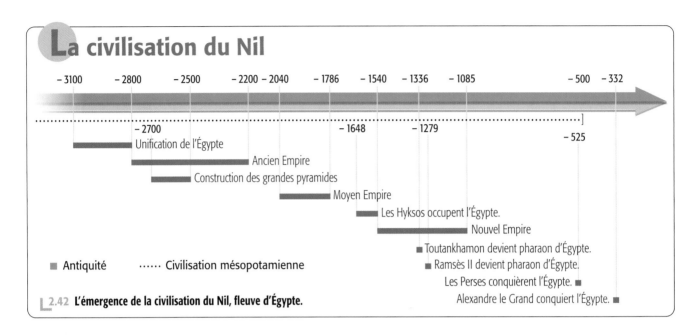

■ Antiquité   ⋯⋯ Civilisation mésopotamienne

2.42 **L'émergence de la civilisation du Nil, fleuve d'Égypte.**

Événements sur la frise : Unification de l'Égypte (–2700) ; Ancien Empire ; Construction des grandes pyramides ; Moyen Empire ; Les Hyksos occupent l'Égypte (–1648) ; Nouvel Empire ; Toutankhamon devient pharaon d'Égypte ; Ramsès II devient pharaon d'Égypte (–1279) ; Les Perses conquièrent l'Égypte (–525) ; Alexandre le Grand conquiert l'Égypte.

Les rives du Nil

Les édifices monumentaux de la civilisation du Nil témoignent du goût pour le grandiose des Égyptiens.

a Phare d'Alexandrie.

b Grande pyramide de Gizeh et Sphinx.

c Temple d'Amon-Rê.

d Temple de Louksor.

e Temple d'Hatchepsout.

f Temple d'Abou Simbel.

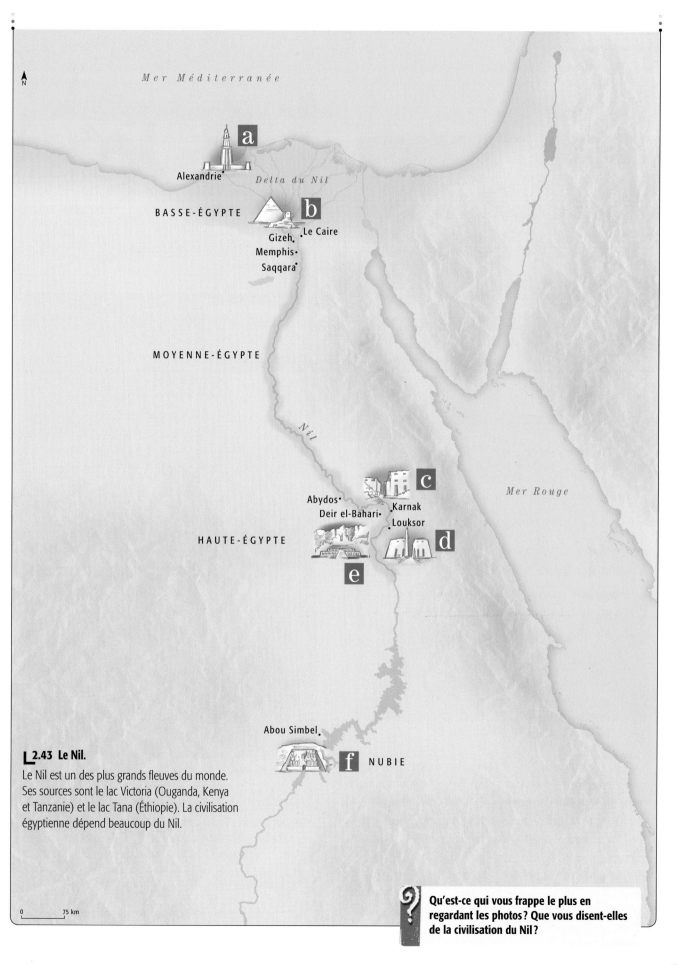

Mer Méditerranée

N

a

Alexandrie

Delta du Nil

BASSE-ÉGYPTE

b

Gizeh
Memphis
Saqqara
Le Caire

MOYENNE-ÉGYPTE

Nil

Abydos
Deir el-Bahari
Karnak
Louksor

c

HAUTE-ÉGYPTE

d

e

Mer Rouge

Abou Simbel

f   NUBIE

⌐ 2.43 Le Nil.

Le Nil est un des plus grands fleuves du monde.
Ses sources sont le lac Victoria (Ouganda, Kenya
et Tanzanie) et le lac Tana (Éthiopie). La civilisation
égyptienne dépend beaucoup du Nil.

0   75 km

**Qu'est-ce qui vous frappe le plus en
regarding les photos? Que vous disent-elles
de la civilisation du Nil?**

Le Nil et son infrastructure

Le Nil

2.44 **Le Nil est le principal fleuve d'Afrique.**

Dans la vallée du Nil, il pleut rarement. Les étés sont très chauds et les hivers sont doux. Le Nil coule du sud au nord sur plus de 6400 kilomètres jusqu'à la Méditerranée. En Haute-Égypte, au sud, il traverse une vallée étroite bordée de terres fertiles et cultivables. En Basse-Égypte, le Nil se divise en sept branches dans le **delta**. Cette zone plate et marécageuse est bien arrosée. La vallée du Nil est protégée par des frontières naturelles : le désert et les marécages.

L'irrigation et le drainage

Un système d'irrigation et de drainage est mis en place par les premiers pharaons d'Égypte. En Haute-Égypte, les eaux des crues se répandent difficilement et il faut construire des canaux pour irriguer les terres. Dans le delta du Nil, les terres marécageuses sont inondées et il faut plutôt construire des canaux de drainage pour évacuer le surplus d'eau.

Contrepoids servant de balancier

Niveau du sol à irriguer

Récipient

Niveau de la rivière

2.45 **Le chadouf.**

Sur chaque rive du Nil, les champs sont aménagés en terrasses étagées à partir du fleuve. Des réservoirs retiennent l'eau durant les crues. Selon les besoins, l'eau est ensuite distribuée dans les champs par des canaux. Cela s'effectue parfois à l'aide de chadoufs qui permettent de transférer l'eau à un niveau supérieur.

 On dit de l'Égypte qu'elle est la fille du Nil. Pouvez-vous expliquer cette phrase ?

L'écriture dans la vallée du Nil

Les hiéroglyphes

En Égypte, l'écriture apparaît vers 3000 avant notre ère. Elle répond aux besoins d'une société complexe. Elle se développe pour honorer des rois et pour rendre grâce aux dieux égyptiens. Elle facilite l'administration des royaumes. Cette écriture est composée d'idéogrammes et de phonogrammes.

L'écriture de l'Égypte des pharaons compte plus de 700 signes appelés *hiéroglyphes*.

Ces capsules appelées *rébus* contiennent le nom d'un pharaon.

Phonogramme de I ou É

└ 2.46 **Des inscriptions sur un mur.**

Idéogramme ou phonogramme. Comme idéogramme, signifie *œil* ou *voir*. Comme phonogramme, se dit *ir* ou *iri* et signifie le verbe *faire*.

L'écriture et la diplomatie : le traité de paix de Qadesh

En 1284 avant notre ère, Ramsès II, pharaon d'Égypte, entre en guerre contre les Hittites, un peuple d'Anatolie en Asie Mineure (partie de la Turquie actuelle). Après 17 ans de combat, il signe avec Hattousil III, roi des Hittites, le traité de paix de Qadesh (l'endroit où se déroule la bataille la plus célèbre du conflit). Cette paix dure pendant presque tout le règne de Ramsès II. C'est le premier traité de paix connu.

[...] *Le grand roi de Khéta ne pénétrera pas dans le pays d'Égypte, jamais, pour y piller quelque chose ; et Ousermârâ ne pénétrera pas dans le pays de Khéta, pour y piller quelque chose, jamais. [...]*

Si quelque ennemi vient dans ce pays d'Ousermârâ, le grand régent de l'Égypte, et qu'il envoie dire au grand roi de Khéta : « Viens avec moi pour m'aider contre lui ! » — le grand roi de Khéta viendra avec lui [...]

(Extrait du traité de paix de Qadesh traduit du hittite.)

└ 2.47 **Un extrait du traité de paix de Qadesh.**

└ 2.48 **Des fragments du traité de paix de Qadesh.**

Le traité est gravé sur des tablettes d'argile et d'argent. Une copie a été découverte au début du 20e siècle dans la ville d'Hattousas (aujourd'hui Boğazale en Turquie), capitale de l'Empire hittite.

Le pouvoir, la hiérarchie sociale et la justice dans la vallée du Nil

La hiérarchie sociale

L'État égyptien est centralisé et très hiérarchisé. Il gère l'ensemble des activités de la population : l'agriculture, le commerce, l'alimentation, la propriété et la religion. La pyramide symbolise bien le rôle et le rang de chaque groupe dans la hiérarchie sociale.

2.49 Le pharaon Ramsès Ier.
Il est pharaon vers 1320-1318 avant notre ère. Le nom Ramsès sera porté par 11 pharaons de **dynasties** égyptiennes.

2.50 La hiérarchie sociale en Égypte.
Les pyramides de Gizeh.

Observez la description des paysans. Énumérez les ressemblances et les différences avec les paysans d'aujourd'hui.

Le pharaon

- Le pharaon exerce une autorité absolue.
- On dit qu'il est un dieu sur Terre. Il incarne le dieu Horus, fils du dieu du Soleil Rê, et exerce un pouvoir religieux.

Le vizir

- Le vizir possède des pouvoirs très importants. Il dirige l'économie du royaume. Il est responsable du trésor royal, chargé de l'administration et de la perception des impôts. Il est responsable des grands travaux de construction.
- Il est le chef de la justice.

Les hauts fonctionnaires, les chefs militaires, les grands prêtres

- Les hauts fonctionnaires sont juges, conseillers, gouverneurs des provinces du royaume ou responsables de certains secteurs de l'administration.
- Les chefs militaires sont en charge de l'armée.
- Les grands prêtres intercèdent auprès des dieux. Ils sont les seuls, en dehors du pharaon, à pouvoir communiquer avec eux. Ils administrent les domaines du temple.

Les prêtres

- Les prêtres veillent au bon fonctionnement du culte de la divinité à laquelle ils sont rattachés.

Les scribes, les artisans

- Les scribes sont des fonctionnaires importants de l'État. Ils sont les seuls à savoir lire et écrire. Ils sont indispensables au fonctionnement de l'administration du royaume.
- Les artisans produisent des biens. Ils sont boulangers, brasseurs, menuisiers, potiers, tisserands, etc.

Les paysans

- Les paysans représentent 90% de la population et ne sont pas propriétaires de leurs terres ou des surplus qu'ils produisent. Ils paient des impôts.
- Ils doivent participer aux grands travaux d'irrigation, de drainage et de construction de l'État.

Les esclaves

- Les esclaves sont des prisonniers de guerre, des criminels ou des enfants d'esclaves.
- Ils travaillent dans les mines, sur les grands chantiers ou comme domestiques.

⌐ 2.51 **Le vizir Imhotep.**
Le vizir Imhotep est l'un des plus célèbres de l'histoire égyptienne.

⌐ 2.52 **Impy, un grand prêtre de Ptah, dieu des artisans.**
Cette statuette remonte à environ 1785 avant notre ère.

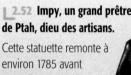

D'AUTRES GRANDES CIVILISATIONS

DEUXIÈME PARTIE

L'Égypte, royaume des pharaons et des reines

Période thinite (-3100 à -2800)		Le pharaon Narmer unifie l'Égypte.
Ancien Empire (-2800 à -2200)		Le pharaon Khéops fait construire la grande pyramide de Gizeh.
Nouvel Empire (-1540 à -1085)		Hatchepsout a été reine d'Égypte pendant 22 ans. Elle a fait construire un temple à Deir el-Bahari.
		Le pharaon Toutankhamon est mort jeune. Lors de sa découverte, sa tombe était intacte. Elle est l'une des rares tombes royales à ne pas avoir été saccagée.
		Le pharaon Ramsès II construit des temples à Abou Simbel, Thèbes, Karnak et Louksor. Il vainc les Hittites.
Ptolémée (dynastie des Lagides) (-305 à -30)		La reine Cléopâtre est la dernière de la dynastie des Lagides.

⌐2.53 **Quelques souverains égyptiens.**

Le pouvoir égyptien repose sur des pharaons et des reines. Le système pharaonique qui prend forme vers 3100 avant notre ère est une monarchie héréditaire. Le titre de pharaon est transmis selon une lignée généralement masculine. Quelques exceptions vont surgir avec le règne d'épouse de pharaon et de mère de pharaon. Celles-ci auront le pouvoir durant un court laps de temps.

À la hauteur des pharaons

- **Poids** 230 tonnes
- **Hauteur** 23 m
- **Largeur** 1,7 m

⌐2.54 **L'obélisque de Louksor sur la place de la Concorde à Paris.**

Les Égyptiens célèbrent le pouvoir des pharaons par des monuments. Cet obélisque en granit rose a été taillé vers 1500 avant notre ère. Ses hiéroglyphes racontent les exploits des pharaons Ramsès II et Ramsès III. À l'origine, il se trouvait devant l'entrée du temple d'Amon à Louksor. En 1831, il a été offert à la France par l'Égypte. Il est aujourd'hui sur la place de la·Concorde, à Paris.

 Connaissez-vous d'autres pharaons ? Faites une courte recherche pour découvrir qui ils sont et ce qu'ils ont fait. Trouvez aussi les monuments qui ont été érigés sous leur règne.

La justice en Égypte

Le pharaon doit faire respecter la justice égyptienne. Celle-ci est basée sur les principes de la déesse Maât : la vérité, le droit et la justice. On ne connaît aucun code égyptien de lois écrites, c'est-à-dire un ensemble de lois réunies dans un seul document. Par contre, des centaines de lois, d'ententes et de contrats ont été découverts par les archéologues. Le pharaon confie l'application de la justice au vizir et aux hauts fonctionnaires locaux. Les causes liées à un conflit avec l'État sont la responsabilité du vizir. Par contre, ce sont des sages locaux qui s'occupent des litiges en lien avec la propriété. Les sentences sont très sévères. Par exemple, si un homme est condamné à l'exil, toute sa famille l'est aussi. Dans le cas d'un soldat qui déserte l'armée, c'est tout son village qui peut être condamné à la prison !

2.55 La déesse de la justice : Maât.
Elle est la fille du dieu Rê. Elle est représentée par une femme portant sur sa tête une plume d'autruche.

argus

LE MYSTÈRE DES HIÉROGLYPHES EST RÉSOLU !

En 1799, Napoléon Bonaparte, commandant de l'armée française, mène une expédition en Égypte. Un de ses officiers, Pierre-François-Xavier Bouchard découvre une stèle de granit noir au pied du fort Rashîd (Rosette en français), sur le delta du Nil. On l'appellera la pierre de Rosette. Il s'agit d'un décret du pharaon Ptolémée V, datant d'environ 196 avant notre ère, qui est retranscrit en grec ancien, en hiéroglyphes et en démotique (une écriture égyptienne plus récente). Il fallut attendre le travail de l'égyptologue français Jean-François Champollion, vers 1824, pour décrypter les hiéroglyphes. Il parvient à percer le mystère de l'ancienne écriture égyptienne après huit longues années de travail.

2.56 Jean-François Champollion.

2.57 La pierre de Rosette.
En 196 avant notre ère, des scribes égyptiens gravent trois fois le même texte sur cette pierre en utilisant trois écritures différentes : deux anciennes écritures égyptiennes (les hiéroglyphes et une écriture cursive) et le grec ancien. Ces trois écritures appartiennent à des civilisations différentes.

La religion dans la vallée du Nil

Les divinités égyptiennes

La religion égyptienne est polythéiste. Elle compte plusieurs dieux et déesses. Au fil de l'histoire, elle accumule plus de 700 divinités. La plupart font l'objet d'un culte local dans des temples construits en leur honneur. Ces temples sont leur résidence sur la Terre.

Dieu	Rôle
Anubis 	**Dieu de la momification et des morts.** Anubis préside aux cérémonies funéraires et protège les défunts.
Rê	**Dieu du Soleil.** Rê est la divinité la plus importante d'Égypte. Il est avalé chaque soir par Nut, la déesse du ciel, et renaît chaque matin. Il est souvent appelé Amon.
Seth	**Dieu du mal, de la vengeance et du chaos.** Seth incarne tout ce qui menace l'harmonie du royaume. Il est le frère d'Osiris, dieu des morts.
Thot	**Dieu de la sagesse, du savoir et de l'écriture.** Thot a fait don des hiéroglyphes aux êtres humains.

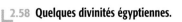
⌐ 2.58 **Quelques divinités égyptiennes.**

La vie après la mort

Les Égyptiens croient en une vie après la mort. Pour eux, l'âme continue d'exister dans le royaume des morts et elle a besoin d'un corps intact à habiter. Dans l'Ancien Empire, on préserve le corps des pharaons et des reines en le momifiant. Plus tard, on fait la même chose avec les dignitaires et, finalement, même avec les paysans et les artisans.

⌐ 2.59 **Les grandes étapes de la momification.**

a Le corps est lavé, puis vidé. Le cerveau et les organes sont retirés.

b Il est recouvert d'aromates et plongé pendant 40 jours dans un bain de natron, une substance chimique qui le dessèche.

c Il est enroulé dans des bandelettes enduites de résine odorante. Des textes, des bijoux et des amulettes sont insérés entre les couches de bandelettes. On peint une image du dieu Osiris sur la momie terminée.

d La momie est déposée dans un sarcophage qui est lui-même placé dans une succession de sarcophages.

 Aujourd'hui, quelles sont les pratiques funéraires propres à notre civilisation ?

La pyramide, demeure des morts

Pour assurer la conservation de leur corps, les pharaons égyptiens font construire d'immenses tombeaux : les pyramides. Chacun des coins d'une pyramide pointe vers un point cardinal. À compter de 2700 avant notre ère, les pharaons ont fait bâtir une soixantaine de pyramides aux abords du Nil.

Il faut une vingtaine d'années et au moins 20 000 hommes pour construire une pyramide. À l'aide de simples outils de cuivre, les tailleurs de pierre forment des blocs de calcaire qui pèsent plusieurs tonnes. On profite des crues du Nil pour transporter ces blocs par bateau jusqu'au chantier. Selon la théorie la plus vraisemblable, des équipes d'une vingtaine d'hommes chacune amènent les blocs de la rive jusqu'à la pyra-

mide. Pour ce faire, les hommes se servent de cordes, de rouleaux de bois et de leviers. Les blocs sont ensuite hissés d'un degré à l'autre en glissant sur des rampes puis déposés à leur place. Les scientifiques s'expliquent encore mal le

besoin et la manière de construire de tels édifices. Comment des hommes aussi peu outillés ont-ils pu soulever des blocs de granit de 20 à 30 tonnes pour les installer au plafond de la salle funéraire de la pyramide de Khéops ?

⌐ 2.60 **La construction d'une pyramide.**

⌐ 2.61 **La momie du pharaon Ramsès Ier.**

Durant les années 1860, la tombe de Ramsès Ier a été pillée. La momie du pharaon s'est retrouvée dans un musée d'Atlanta, aux États-Unis. Elle a récemment été retournée à l'Égypte.

Chambre royale

Grande galerie

Chambre funéraire

⌐ 2.62 **La coupe de la pyramide de Khéops.**

La pyramide de Khéops est construite en pierres. L'ouverture dans cette maquette permet de voir l'aménagement intérieur de la pyramide.

5 La civilisation de l'Indus

De − 2500 à − 185

Sur les rives de l'Indus, les ruines témoignent d'une grande civilisation avec
ses villes, son agriculture et son écriture. Que s'est-il passé dans la vallée
de l'Indus ? Que racontent les ruines ? L'écriture explique-t-elle ces ruines ?

La civilisation de l'Indus

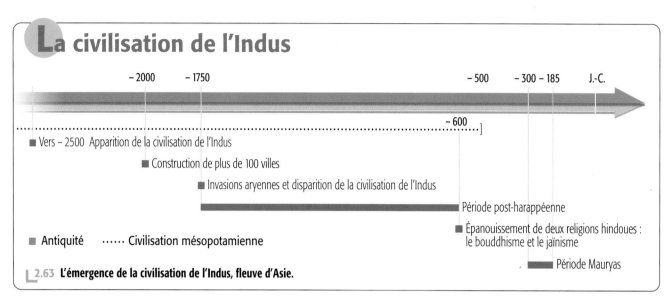

− 2000   − 1750   − 500   − 300 − 185   J.-C.

− 600

■ Vers − 2500 Apparition de la civilisation de l'Indus

■ Construction de plus de 100 villes

■ Invasions aryennes et disparition de la civilisation de l'Indus

Période post-harappéenne

■ Antiquité   ····· Civilisation mésopotamienne

■ Épanouissement de deux religions hindoues :
le bouddhisme et le jaïnisme

Période Mauryas

2.63 L'émergence de la civilisation de l'Indus, fleuve d'Asie.

Les rives de l'Indus

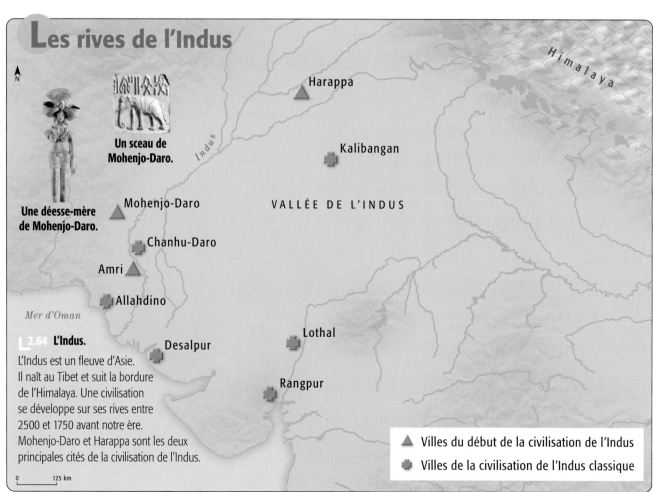

Himalaya

Harappa

Un sceau de
Mohenjo-Daro.

Indus

Kalibangan

Une déesse-mère
de Mohenjo-Daro.

Mohenjo-Daro

VALLÉE DE L'INDUS

Chanhu-Daro

Amri

Allahdino

Mer d'Oman

2.64 L'Indus.

L'Indus est un fleuve d'Asie.
Il naît au Tibet et suit la bordure
de l'Himalaya. Une civilisation
se développe sur ses rives entre
2500 et 1750 avant notre ère.
Mohenjo-Daro et Harappa sont les deux
principales cités de la civilisation de l'Indus.

Desalpur

Lothal

Rangpur

0   125 km

▲ Villes du début de la civilisation de l'Indus

✤ Villes de la civilisation de l'Indus classique

L'Indus et son infrastructure

L'Indus

L'Indus est un fleuve alimenté par les neiges et les glaciers de l'Himalaya. Il coule sur 2800 kilomètres pour se jeter dans la mer d'Oman. Il fertilise les terres par ses crues saisonnières. Entre 2500 et 1750 avant notre ère, une civilisation grandit dans les terres fertiles de la vallée de l'Indus, puis elle disparaît. On en ignore les causes exactes. Peut-être que son territoire a été envahi par des peuples guerriers? Peut-être qu'une brusque montée des eaux a submergé les zones habitées? La population a peut-être simplement été assimilée par une autre.

L'irrigation et le drainage

Niveau des habitations

Canal de drainage des eaux

L 2.66 **Un drain dans la ville de Harappa.**

Comme en Mésopotamie et en Égypte, les cités situées le long de l'Indus utilisent des systèmes de drainage et d'évacuation des eaux. La ville de Mohenjo-Daro est construite sur des terrasses qui l'élèvent au-dessus du niveau des eaux. Les murailles qui entourent les villes ont pour principale fonction de retenir les eaux pendant les crues du fleuve.

L 2.65 **L'Indus aujourd'hui.**

Selon vous, comment se font l'irrigation et le drainage dans les champs aujourd'hui?

L'écriture dans la vallée de l'Indus

Une écriture pictographique

Dans la vallée de l'Indus, l'écriture remonte à environ 2500 avant notre ère. On sait qu'elle compte 270 pictogrammes, mais elle n'est toujours pas déchiffrée. Cela limite notre connaissance de cette civilisation. On trouve beaucoup d'inscriptions sur des plaques de cuivre, sur des fragments de poterie, mais surtout sur des sceaux.

L 2.67 **Les sceaux de Mohenjo-Daro.**

Ces tablettes d'argile datent de 2300 avant notre ère. Chaque sceau carré est muni d'une poignée au verso et représente souvent des animaux et des pictogrammes. Ces sceaux étaient vraisemblablement des marques de propriété lors des échanges. Plusieurs sceaux ont été découverts dans les ruines de Mohenjo-Daro. Les premiers ont été trouvés vers 1920.

 Selon vous, qui détenait le pouvoir dans la civilisation de l'Indus ? Appuyez votre hypothèse sur des faits.

La religion dans la vallée de l'Indus

Un culte peu connu

On sait peu de choses sur les pratiques religieuses des gens de la vallée de l'Indus. Aucun vestige qui confirme l'existence de temples n'a été trouvé dans les villes. Dans certaines cités, comme Kalibangan et Lothal, on a découvert des autels consacrés au feu. Un grand bain public à Mohenjo-Daro avait peut-être aussi un usage rituel. Des statuettes de déesse-mère ont aussi été trouvées.

L 2.68 **Un roi-prêtre.**

Ce buste représente un homme en costume de cérémonie. On pense qu'il s'agit d'un roi-prêtre. Il date d'environ 2400 avant notre ère.

L 2.69 **Une déesse-mère de Mohenjo-Daro (2300 à 1750 avant notre ère).**

Les statuettes féminines et masculines en terre cuite découvertes dans la vallée de l'Indus suggèrent l'existence de croyances et de rituels communs.

Le pouvoir, la hiérarchie sociale et la justice dans la vallée de l'Indus

Un système peu connu

Comme l'écriture de la civilisation de l'Indus n'est pas encore déchiffrée, son organisation sociale reste un mystère. Il n'existe à Harappa, une des villes principales, aucun signe de hiérarchie ou d'autorité. Il ne semble pas non plus y avoir de tombes royales ni de traces de pouvoir militaire. Par contre, il est évident que la civilisation de l'Indus est gouvernée par un pouvoir central. Le plan rigoureux des villes, les dimensions régulières des briques, le système de poids et de mesures très précis et la présence de bâtiments publics en témoignent.

Des villes planifiées dans la vallée de l'Indus

Plusieurs villes sont situées sur les rives de l'Indus. La planification bien réfléchie des villes est évidente dans la vallée de l'Indus.

Les villes de la vallée de l'Indus, comme Mohenjo-Daro et Harappa, sont aménagées de manière très régulière : elles suivent un plan en damier. Les rues mesurent huit mètres de large et se croisent à angle droit. Les ruelles possèdent des égouts très élaborés. On peut donc conclure que l'hygiène était très importante. Des habitations rectangulaires sont soigneusement alignées le long des rues. Les murs extérieurs des maisons font plus de six mètres de hauteur et n'ont généralement pas de fenêtres. À l'intérieur, les pièces entourent un patio carré. Les habitations possèdent aussi une salle de bain bien aménagée avec des cabinets d'aisance dotés d'un siège de brique. Plusieurs ont même l'eau courante. Des milliers d'habitants s'affairent dans ces cités. On pense qu'il y en avait environ 40 000 à Mohenjo-Daro tout comme à Harappa.

2.70 **Une reconstitution de la ville de Harappa.**
Harappa est le site d'une des plus anciennes civilisations du monde.

6 La civilisation du Huang he

La Chine est une des plus anciennes civilisations. Son histoire est plus que millénaire. Qu'a-t-elle en commun avec les autres civilisations ?

La civilisation du Huang he

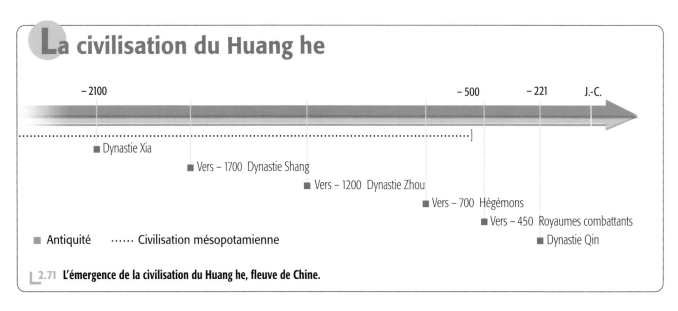

- ■ Antiquité
- ····· Civilisation mésopotamienne

- ■ Dynastie Xia
- ■ Vers − 1700 Dynastie Shang
- ■ Vers − 1200 Dynastie Zhou
- ■ Vers − 700 Hégémons
- ■ Vers − 450 Royaumes combattants
- ■ Dynastie Qin

2.71 **L'émergence de la civilisation du Huang he, fleuve de Chine.**

Les rives du Huang he

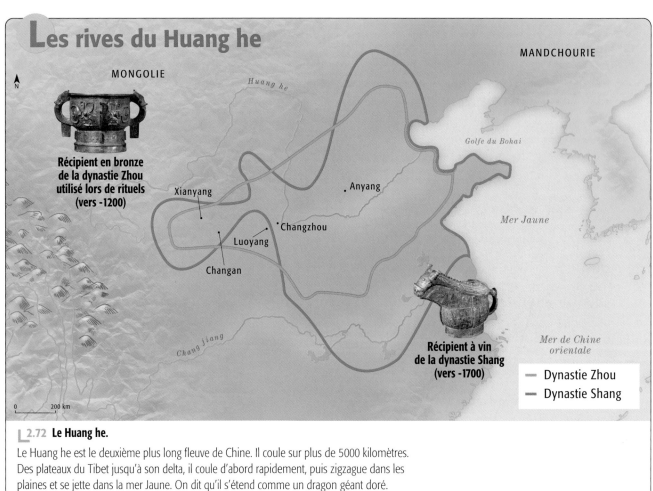

Récipient en bronze
de la dynastie Zhou
utilisé lors de rituels
(vers -1200)

Récipient à vin
de la dynastie Shang
(vers -1700)

— Dynastie Zhou
— Dynastie Shang

2.72 **Le Huang he.**

Le Huang he est le deuxième plus long fleuve de Chine. Il coule sur plus de 5000 kilomètres. Des plateaux du Tibet jusqu'à son delta, il coule d'abord rapidement, puis zigzague dans les plaines et se jette dans la mer Jaune. On dit qu'il s'étend comme un dragon géant doré.

Le Huang he et son infrastructure

Le fleuve Jaune et le royaume du dragon

Aussi appelé le fleuve Jaune, le Huang he reçoit l'eau de nombreux affluents. Sur son parcours, il se charge d'**alluvions** qui lui donnent une couleur jaunâtre (d'où son nom). Au printemps, il connaît de grandes crues qui fertilisent les sols. Une légende chinoise montre bien l'importance de ce fleuve pour la civilisation chinoise : un dragon sorti du Huang he aurait apporté au prince Yu le Grand les plans du monde. Avec ces plans, Yu le Grand aurait fondé la première dynastie : les Xia. Plus tard sous la dynastie Shang, la civilisation atteint son sommet dans la basse vallée du Huang he.

L'irrigation et le drainage

En Chine, les crues abondantes du Huang he sont difficiles à contrôler. Pour y arriver, les dynasties chinoises font construire des digues en terre ou en maçonnerie, des réservoirs équipés de barrages et des canaux. Certaines de ces installations, comme la digue de Shaopi, sont toujours en fonction. Cette digue retient un bassin d'eau de 100 mètres cubes servant à l'irrigation.

Le dragon et les légendes

Le dragon est un symbole important dans l'histoire de la Chine. Il peut voler, se réfugier dans les eaux ou voyager sur terre et cracher du feu. Il rassemble en lui les quatre éléments naturels : l'air, l'eau, la terre et le feu. Le dragon est un symbole positif pour les Chinois. On lui associe pouvoir, richesse et harmonie. Tous ne s'entendent pas sur l'origine de ce symbole. Toutefois, il est présent dans les légendes chinoises. Pour les Chinois, les légendes sont des leçons de vie. Une légende raconte que lorsque le dragon s'élève trop haut, il peut se faire couper la tête. Les sages chinois interprètent cette métaphore comme un avertissement. Quand une personne fait preuve de trop d'ambition et d'arrogance, elle court à sa perte.

L'écriture dans la vallée du Huang he

Une écriture idéographique

En Chine, l'écriture se développe vers les années 1300 avant notre ère sous la dynastie Shang. Cette écriture, créée par des religieux, est une combinaison de 3000 signes idéographiques. Elle est complètement différente des autres écritures. Elle se perfectionne sous la dynastie Zhou. Le nombre de signes va augmenter constamment de 7600 au Ier siècle de notre ère jusqu'à plus de 55 000 signes au 20e siècle. Environ 3000 signes sont d'usage courant. Les lettrés en connaissent parfois jusqu'à 50 000. Au début, les Chinois écrivent sur des fragments de carapace de tortue.

L 2.73 **Une combinaison d'idéogrammes signifiant «dynastie Shang».**

L 2.74 **Un fragment de carapace de tortue.**

Ce fragment de carapace de tortue, sur lequel des caractères ont été gravés, date des années 1100 avant notre ère. Il mesure 5,4 cm sur 4,5 cm. Il fait partie d'une collection de 28 petits fragments découverts entre 1899 et 1904 lors des fouilles à Xiaotun.

La religion dans la vallée du Huang he

Le culte des ancêtres

Les habitants de la Chine ancienne croient en plusieurs divinités qui influencent leur vie. Ils croient que seuls les morts peuvent communiquer avec ces divinités. Pour obtenir leur protection ou des faveurs, les Chinois font intervenir leurs ancêtres morts auprès des dieux. Pour cette raison, le culte des ancêtres est l'élément central de la vie religieuse chinoise.

L 2.75 **Un os divinatoire.**

Les Chinois consultent leurs ancêtres au moyen d'instruments de divination comme cet os, qui date de la dynastie Shang. On chauffe l'os jusqu'à ce que des fêlures apparaissent. On interprète ensuite ces fêlures pour savoir ce que les ancêtres veulent.

 Les civilisations anciennes ont-elles toutes des divinités ? Justifiez votre réponse.

Le pouvoir, la hiérarchie sociale et la justice dans la vallée du Huang he

Le pouvoir

Dans la civilisation chinoise, le pouvoir est entièrement exercé par l'empereur. Ce dernier est assisté par un chancelier, des ministres et de nombreux fonctionnaires. Dans la dynastie Shang, le pouvoir se transmet de frère en frère. Une **aristocratie** puissante règne sur des régions entières et reçoit une partie des revenus des paysans qui y vivent. Les femmes ont aussi d'importants pouvoirs. Elles peuvent commander des armées et même influencer la succession royale. Elles perdent ces pouvoirs sous la dynastie Zhou.

Sun Tzu parle de la guerre, des facteurs qui influencent «l'art de la guerre» et des valeurs qui donnent le pouvoir aux dirigeants :

[...] *L'influence morale ; [...] Par influence morale j'entends ce qui fait que le peuple est en harmonie avec ses dirigeants, de sorte qu'il les suivra à la vie et à la mort sans craindre de mettre ses jours en péril. [...] Par autorité j'entends les qualités de sagesse, d'équité, d'humanité, de courage et de sévérité [...]*

Sun Tzu cite Chang Yu pour appuyer ses dires : «*Pour peu que l'on traite les gens avec bonté, justice et équité, et qu'on leur fasse confiance, l'armée aura l'esprit d'équipe et tous seront heureux de servir leurs chefs.*»

Sun Tzu, *L'art de la guerre.*

2.76 **Le pouvoir militaire selon Sun Tzu.**

Témoins de l'histoire

SHI HUANGDI

L'empire de Chine naît des mains de Ying Zheng, roi de Qin. Il est le premier à porter le titre de Shi Huangdi, qui signifie Premier Empereur. Après avoir unifié la Chine, l'Empereur y impose des normes communes, entre autres pour l'écriture. Il fait ériger une stèle dans chaque village sur laquelle figure le modèle d'écriture à suivre. Elle devient le moule de pensée commun de l'Empire.

À sa mort, l'Empereur est enterré avec une armée de 7000 soldats en terre cuite. Ces soldats, grandeur nature, sont disposés dans trois fosses qui entourent le mausolée de l'Empereur, à l'est de Xian. À elle seule, la première fosse contient 6000 fantassins et quelques chars alignés dans 11 couloirs orientés est-ouest. Chaque statue est unique. Même après sa mort, l'Empereur fait la démonstration de son pouvoir !

2.77 **Une partie de l'armée funéraire de Shi Huangdi découverte près de Xian en Chine.**

La hiérarchie sociale

L'empereur
- L'empereur exerce un pouvoir personnel absolu. Il est le chef politique de l'État.
- Il est le chef militaire responsable de la défense de l'empire.

Le chancelier et les ministres
Le chancelier et les ministres assistent l'empereur dans l'administration de l'empire.

Les fonctionnaires
- Les fonctionnaires voient à la gestion quotidienne des divers aspects de l'empire, sous l'autorité des ministres et du chancelier.
- Les scribes s'assurent de relater les exploits des empereurs et de décrire les échanges commerciaux.

L'aristocratie
- L'aristocratie règne, de père en fils, sur des régions entières.
- Elle reçoit une partie des revenus des paysans qui vivent sur ses domaines.
- Elle est au service militaire de l'empereur.

Les marchands et les artisans
Les artisans fabriquent des biens, comme de la porcelaine, des objets de jade et de bronze ainsi que du papier, que les marchands échangent.

Le peuple
- Le peuple cultive les terres.
- Il doit se joindre à l'armée lorsque l'empereur ou l'aristocratie l'exige.
- Il doit participer aux grands travaux de construction entrepris par l'État.

Les esclaves
Les esclaves sont des prisonniers de guerre au service des puissants.

2.78 La hiérarchie sociale en Chine.
Le Temple du ciel, construit au 15e siècle.

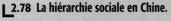

La justice en Chine

L'empereur Shi Huangdi impose un code de lois sévère auquel personne ne peut se soustraire, peu importe son rang. Selon ce code, le travail est obligatoire et les contrevenants sont réduits à l'esclavage. La dénonciation des criminels est récompensée et l'espionnage par le peuple est encouragé.

> [...] *Par l'unification des châtiments, j'entends dire que ceux-ci doivent être appliqués sans considération de rang ni de fortune. Des simples roturiers aux ministres et aux généraux, en passant par les Grands Officiers, tous ceux qui ne se plient pas aux ordres du prince, transgressent les interdictions édictées par l'État, fomentent des troubles, sont passibles de la peine capitale, sans égard pour leur condition. [...] Si les anciens rois ont institué la décapitation, l'amputation des pieds, le supplice de la marque, ce n'était pas par cruauté de leur part ni plaisir à faire souffrir leurs sujets, mais souci de prévenir le crime. Des châtiments impitoyables, une justice inexorable ôtent aux citoyens jusqu'à l'envie de faire le mal, en sorte qu'il n'y a plus de criminels. Telles sont les considérations qui m'ont fait dire qu'une justice éclairée n'avait pas besoin de punir. [...]*
>
> Shang Yang, *Le livre du prince Shang*, vers 221 avant notre ère.

2.79 Un extrait du code de lois de l'empereur Shi Huangdi.

2.80 L'empereur Shi Huangdi.

7 Les échanges entre civilisations

Depuis le néolithique, la production est au cœur des sociétés. Cette production donne lieu à des échanges. Les grandes civilisations donnent-elles à ces échanges une nouvelle envergure ? Comment y arrivent-elles ?

La production

Une production surtout agricole

Les premières grandes civilisations ont un point en commun : la place que l'agriculture occupe dans leur production. Elles améliorent le rendement des terres fertiles en construisant des infrastructures d'irrigation de plus en plus perfectionnées. Elles utilisent des innovations comme la charrue. Ainsi, la production augmente et la population est mieux alimentée. Des surplus peuvent aussi être échangés.

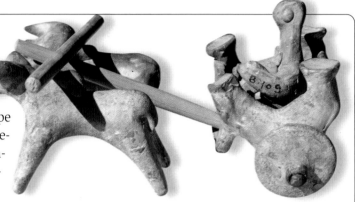

└ 2.81 **Un chariot miniature trouvé à Mohenjo-Daro.**
Ce chariot date de 2500 avant notre ère.

Sur les rives de l'Indus, les Harappéens cultivent le blé, l'orge, le sésame, les pois et le coton. Sur les rives du Huang he, la culture du riz, du chanvre et du ver à soie constitue le cœur de la production. Dans la vallée du Nil, l'olive, le lin, le sésame et l'orge font partie des productions les plus importantes.

└ 2.82 **Des rizières en Chine.**
La culture en étages réduit l'érosion des sols. Elle est une technique ancestrale encore pratiquée aujourd'hui.

Carrefour géographie

LA CONSTRUCTION DE BARRAGES ENGENDRE DES PROBLÈMES

Sur le Nil

La construction du barrage d'Assouan en 1970 a eu des conséquences énormes.

- La circulation du **limon** et des sédiments est bloquée, ce qui cause l'enlisement du lac Nasser et la multiplication rapide d'algues nuisibles.

- En aval, la disparition des crues force les agriculteurs à utiliser des engrais chimiques qui polluent le fleuve.

- Dans le delta, l'effet des grandes crues est réduit. L'eau de mer (salée) pénètre plus loin à l'intérieur du territoire. Le sel rend les terres infertiles.

- Aucun limon ne remplace le sable emporté par l'eau. Les rives s'érodent et le lit du Nil s'enfonce.

- Le delta est érodé par la mer et recule.

- La construction du barrage a fait disparaître deux des six cataractes naturelles du Nil.

Sur le Chang jiang

La Chine a commencé la construction du plus grand barrage du monde en 1997 sur le Chang jiang : le barrage des Trois-Gorges. Le projet a de graves conséquences.

- Vingt et une villes et 4 500 villages sont engloutis.

- Près de deux millions de personnes sont déplacées.

- Un berceau de la culture chinoise est submergé.

- Des espèces, comme l'esturgeon chinois, sont en voie de disparition.

- La montée des eaux ralentit le courant et modifie les écosystèmes aquatiques.

- Les animaux, comme le dauphin ou l'alligator, sont menacés par l'augmentation du trafic des bateaux.

- La pollution s'accumule en amont du barrage à cause du manque de stations d'épuration des eaux.

⌞ **2.83** **Le barrage d'Assouan sur le Nil.**

La construction du barrage d'Assouan a nécessité le déplacement et la reconstruction, au-dessus du niveau des eaux, du temple d'Abou Simbel qui, autrement, aurait été englouti.

Le commerce

Les importations en Égypte

En Égypte, le commerce est contrôlé par le pharaon. Des caravanes composées de centaines d'ânes et des navires chargés de marchandises circulent constamment. Les marchands rapportent les produits qui sont rares ou absents en Égypte.

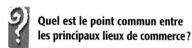

Quel est le point commun entre les principaux lieux de commerce?

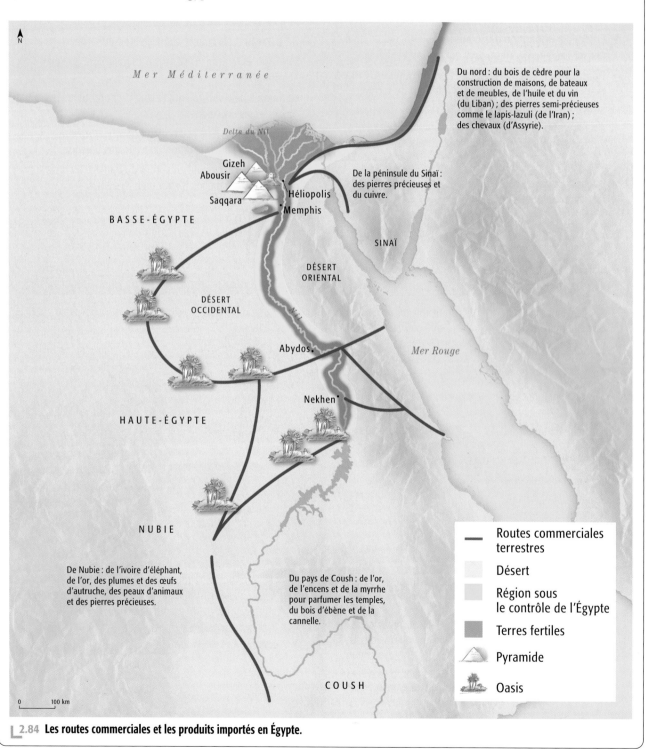

Du nord : du bois de cèdre pour la construction de maisons, de bateaux et de meubles, de l'huile et du vin (du Liban) ; des pierres semi-précieuses comme le lapis-lazuli (de l'Iran) ; des chevaux (d'Assyrie).

De la péninsule du Sinaï : des pierres précieuses et du cuivre.

De Nubie : de l'ivoire d'éléphant, de l'or, des plumes et des œufs d'autruche, des peaux d'animaux et des pierres précieuses.

Du pays de Coush : de l'or, de l'encens et de la myrrhe pour parfumer les temples, du bois d'ébène et de la cannelle.

Routes commerciales terrestres

Désert

Région sous le contrôle de l'Égypte

Terres fertiles

Pyramide

Oasis

0   100 km

⌐ 2.84 **Les routes commerciales et les produits importés en Égypte.**

Des échanges à grande échelle

Les échanges existent entre les civilisations de l'Antiquité. Bien que la Chine ancienne soit plus isolée que les autres civilisations, elle entretient certains contacts commerciaux avec l'Ouest. Dès les années 1800 avant notre ère, les Chinois utilisent des coquillages comme monnaie. Vers 400 avant notre ère, ils utilisent des pièces de bronze.

Le commerce est très prospère dans la vallée de l'Indus. Il se fait par bateau et à l'aide de chars tirés par des bœufs. Pour identifier leurs produits, les marchands y apposent des sceaux. Certains provenant de Mohenjo-Daro et de Harappa se sont retrouvés à Kish, près de Babylone. À l'inverse, des cachets commerciaux portant des caractères cunéiformes provenant de Sumer en Mésopotamie ont été trouvés au Pakistan.

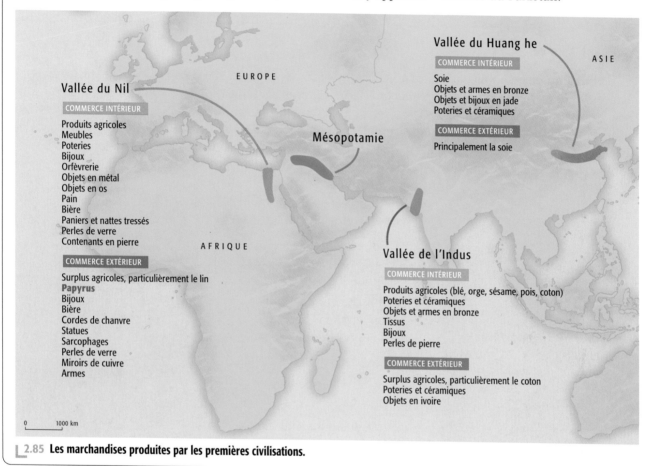

Vallée du Huang he

COMMERCE INTÉRIEUR

Soie
Objets et armes en bronze
Objets et bijoux en jade
Poteries et céramiques

COMMERCE EXTÉRIEUR

Principalement la soie

ASIE

EUROPE

Mésopotamie

Vallée du Nil

COMMERCE INTÉRIEUR

Produits agricoles
Meubles
Poteries
Bijoux
Orfèvrerie
Objets en métal
Objets en os
Pain
Bière
Paniers et nattes tressés
Perles de verre
Contenants en pierre

AFRIQUE

COMMERCE EXTÉRIEUR

Surplus agricoles, particulièrement le lin
Papyrus
Bijoux
Bière
Cordes de chanvre
Statues
Sarcophages
Perles de verre
Miroirs de cuivre
Armes

Vallée de l'Indus

COMMERCE INTÉRIEUR

Produits agricoles (blé, orge, sésame, pois, coton)
Poteries et céramiques
Objets et armes en bronze
Tissus
Bijoux
Perles de pierre

COMMERCE EXTÉRIEUR

Surplus agricoles, particulièrement le coton
Poteries et céramiques
Objets en ivoire

0   1000 km

L 2.85 **Les marchandises produites par les premières civilisations.**

De l'ordre dans mes idées

ACTIVITÉ

UNE CIVILISATION EN BREF

Pour mettre de l'ordre dans ses idées, il faut souvent analyser l'information obtenue. Vous avez maintenant accumulé de l'information sur les premières grandes civilisations, la civilisation du Nil, la civilisation de l'Indus et la civilisation du Huang he. Choisissez la civilisation qui vous semble la plus intéressante et préparez une affiche qui résume son histoire et ses principales caractéristiques. Traitez chacun des concepts (communication, échange, justice, pouvoir, religion) et donnez des exemples. Servez-vous de votre manuel et consultez d'autres sources au besoin.

8 La civilisation occidentale : le Canada, un exemple

Aujourd'hui, plusieurs États font partie d'une même civilisation. Ainsi, le Canada est un exemple de pays qui appartient à, ce qu'on appelle aujourd'hui, la civilisation occidentale apparue avec les civilisations de la Mésopotamie et de l'Égypte. Comment est organisé l'État canadien ? Quel rôle joue l'écriture dans la civilisation occidentale ?

Une civilisation

On définit une civilisation par les manifestations matérielles (outils et techniques, architecture, artisanat) et intellectuelles (rituels, religion, arts, littérature, sciences) communes à un ensemble de sociétés sur une longue période. C'est une forme d'organisation sociale complexe et relativement durable. Vers 3500 avant notre ère, les premières grandes civilisations se développent. Depuis ce temps, plusieurs civilisations bien différentes ont vu le jour. Toutefois, toutes les civilisations ont des traits communs. En voici quelques-uns :

- l'aménagement d'un territoire fertile ;
- une agriculture qui permet l'accumulation de surplus ;
- l'établissement de groupes d'êtres humains dans des cités et près des cours d'eau ;
- une spécialisation du travail ;
- une hiérarchie sociale ;
- l'organisation d'un État centralisé autour d'un pouvoir institutionnalisé ;
- des travaux publics importants : construction de temples, de palais, d'églises, d'édifices et de murailles ;
- des manifestations artistiques ;
- un commerce sur de longues distances ;
- l'utilisation de l'écriture.

 Comparez la civilisation occidentale actuelle avec une autre civilisation d'aujourd'hui. Donnez des exemples comparables d'une civilisation à l'autre.

À chaque État son territoire

Les cours d'eau et le peuplement

Les êtres humains ont rapidement compris l'importance des cours d'eau dans le développement des grands centres. Source de vie, les fleuves ont aussi servi de voie de communication. Comme au temps des premières civilisations, les cours d'eau ont été le principal facteur d'établissement pour ceux qui ont aménagé le territoire nord-américain.

Avant l'arrivée des Européens, les Amérindiens sont déjà installés autour des grands plans d'eau qu'ils utilisent pour leurs déplacements. Les premiers établissements se développent sur les rives du fleuve Saint-Laurent et deviennent, entre autres, les centres urbains que sont Québec, Trois-Rivières et Montréal. C'est dans ces mêmes centres urbains que se concentre la majorité de la population du Québec actuel.

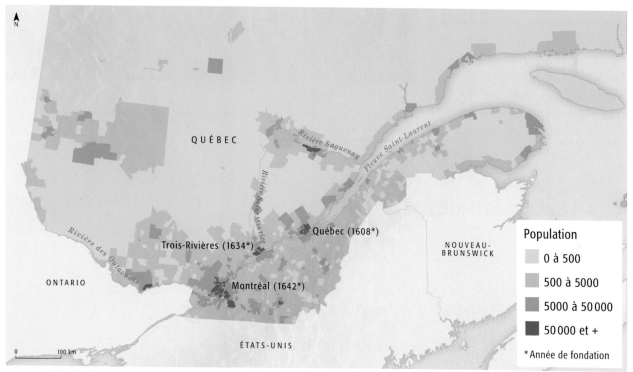

2.86 **La distribution de la population au Québec en 2001.**

Population totale du Québec : 7 246 900 habitants.

Montréal : 3 393 700 habitants.

Québec : 646 000 habitants.

Trois-Rivières : 142 200 habitants.

2.87 **La population de trois villes du Québec en 2003.**

Ces trois villes sont établies sur les rives du Saint-Laurent. Au Québec, 80,4 % de la population habite dans les villes.

Source : Institut de la statistique du Québec

 Observez la carte 2.86 et dites près de quels cours d'eau se trouvent les plus grandes densités de population.

Le rôle des cours d'eau

Les premières civilisations se sont lancées dans la construction de grands ouvrages de canalisation pour irriguer les sols à l'aide des eaux des grands fleuves. Elles ont fait creuser des canaux et ériger des digues et des vannes sur une grande partie du territoire.

Au Québec comme au Canada, les fleuves et les rivières ont joué un rôle important dans le développement des sociétés et ont favorisé les échanges économiques. La faune et la flore qui entourent les grands cours d'eau deviennent une source de revenus pour le Canada naissant. Tout en conservant son rôle commercial, le **réseau hydrographique** est

aujourd'hui devenu un réservoir d'énergie. Les nombreux barrages du Québec, qu'ils servent au contrôle des crues ou à la production d'électricité, démontrent l'importance des cours d'eau dans le développement des civilisations.

⌐ 2.88 **Le port de Montréal.**

Chaque année, le port de Montréal reçoit plus d'un million de conteneurs, et 20 millions de tonnes de marchandises diverses y transitent.

La succession des populations

Un peu comme en Mésopotamie, au fil du temps, le territoire du Québec a été habité par des peuples différents. D'abord par les Amérindiens, qui y ont vécu seuls pendant 15 000 ans, puis les Français s'y sont installés. Le territoire devient colonie française au 16e siècle. En 1760, la colonie passe aux mains des Anglais.

Comme toutes les grandes civilisations anciennes, notre civilisation occidentale est le résultat d'un croisement de populations. Au Québec, les populations amérindienne, de souche française et de souche britannique partagent le même espace. De plus, de nombreux immigrants se sont ajoutés à ces populations pour former le Québec actuel.

Pays de naissance	Pourcentage (%)
Chine	9,2
France	8,5
Maroc	7,9
Algérie	7,6
Roumanie	5,5
Haïti	4,4

⌐ 2.89 **Les principaux pays de naissance des immigrants du Québec, 1999-2003.**

Source : Institut de la statistique du Québec

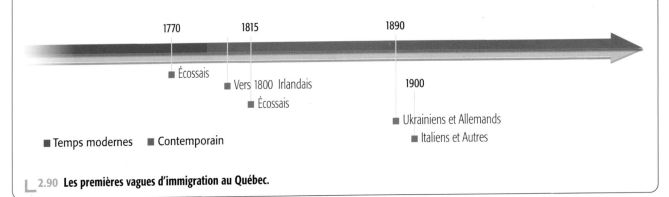

⌐ 2.90 **Les premières vagues d'immigration au Québec.**

L'organisation de la société canadienne

Les codes de lois

Les codes contiennent l'ensemble des règles et des conventions qui régissent les différents aspects de la vie en société. Ils définissent ce qu'est une infraction (ce que notre société considère comme une transgression des règles acceptées) et la sanction qui en découle. Comme pour les grandes civilisations du passé, la civilisation occidentale possède ses propres écrits. Au Canada, il y a plusieurs codes de lois. Ces codes garantissent une justice pour tout le monde.

Certains textes définissent les droits fondamentaux de tous les êtres humains comme la *Déclaration universelle des droits de l'homme* de l'Organisation des Nations unies (ONU). Le Canada et le Québec ont adopté la *Charte canadienne des droits et libertés* et la *Charte des droits et libertés de la personne du Québec*. Ni le sexe, ni la race, ni l'âge, ni l'orientation sexuelle, ni la religion, ni la richesse ne peuvent priver quelqu'un des droits énoncés dans ces codes.

⌐ 2.91 La police veille à l'application du Code de la sécurité routière du Québec.

LE CODE CIVIL DU QUÉBEC

Le Code civil du Québec contient plus de 3000 articles traitant entre autres, du droit de la personne, de la famille, des successions, des biens et des obligations contractuelles. Ces règles écrites déterminent l'ensemble des droits et des obligations des individus entre eux ainsi que les rapports entre les personnes et les biens (location d'immeubles, par exemple). Cet extrait énonce les droits des enfants.

32. Tout enfant a droit à la protection, à la sécurité et à l'attention que ses parents ou les personnes qui en tiennent lieu peuvent lui donner.

Code civil du Québec.

LE CODE CRIMINEL

Au Canada et au Québec, le Code criminel définit l'ensemble des crimes et les peines auxquelles les criminels s'exposent. Le Code criminel permet d'intervenir principalement quand les actes sont de nature violente.

264. (1) Il est interdit [...] d'agir à l'égard d'une personne sachant qu'elle se sent harcelée [...] (2) Constitue un acte interdit [...] de communiquer de façon répétée, même indirectement, avec cette personne ou une de ses connaissances; [...] de se comporter d'une manière menaçante à l'égard de cette personne ou d'un membre de sa famille.

Code criminel du Canada.

LE CODE DE LA SÉCURITÉ ROUTIÈRE DU QUÉBEC

Le Code de la sécurité routière du Québec comporte toutes les lois liées à la conduite d'un véhicule automobile.

168. Le conducteur d'un véhicule routier impliqué dans un accident doit rester sur les lieux ou y retourner immédiatement après l'accident et fournir l'aide nécessaire à toute personne qui a subi un préjudice.

Code de la sécurité routière du Québec.

Code et infractions

Lorsqu'un individu enfreint la loi, il commet une infraction au code qui régit cette loi. Par exemple, lorsqu'un individu conduit son véhicule et ne respecte pas la signalisation routière, il commet une infraction au Code de la sécurité routière du Québec. Chaque fois qu'une loi est transgressée, cela entraîne une punition plus ou moins sévère selon la gravité de l'infraction.

 La majorité des lois de notre société sont écrites dans des codes. Toutefois, il en existe qui, même si elles ne sont pas écrites, sont respectées. Connaissez-vous des lois non écrites ? Faites une liste de ces lois et discutez de leur utilité.

Le pouvoir législatif

Chez les Mésopotamiens et les Égyptiens de l'Antiquité, le roi ou le pharaon a tous les pouvoirs dont ceux de faire et d'appliquer la justice. Dans notre société, c'est un ensemble de personnes qui rédigent les lois à la suite d'une décision du Parlement. Les lois, les règles et les conventions sont décidées par les représentants des citoyens, c'est-à-dire les députés. Les députés discutent les projets de loi et décident si ces projets deviendront des lois ou non. Les citoyens qui ne sont pas satisfaits du travail de leur député utilisent parfois les médias ou protestent de différentes façons pour influencer le gouvernement.

Les échanges

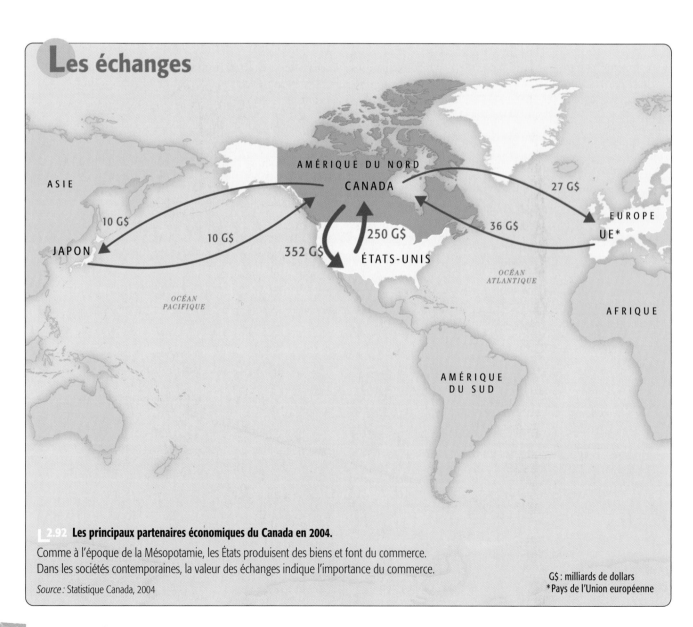

2.92 Les principaux partenaires économiques du Canada en 2004.

Comme à l'époque de la Mésopotamie, les États produisent des biens et font du commerce.
Dans les sociétés contemporaines, la valeur des échanges indique l'importance du commerce.

Source : Statistique Canada, 2004

G$: milliards de dollars
*Pays de l'Union européenne

La religion : sa place dans la civilisation d'aujourd'hui

Dans toutes les grandes civilisations de l'Antiquité, la religion occupe une place très importante. Dans notre société industrialisée, la religion a aussi occupé, pendant plusieurs siècles, une position d'autorité dans tous les aspects de la vie en société. Au Québec, depuis les années 1960, l'influence de l'Église sur la société a diminué de façon notoire. La pratique religieuse des catholiques a aussi énormément diminué. Jadis, la façon de vivre sa spiritualité était quasi imposée. Maintenant, c'est plutôt un choix personnel. Les gens pratiquent d'autres religions en raison de la diversité ethnique et culturelle de la civilisation occidentale. La population du Québec demeure néanmoins monothéiste et une majorité déclare toujours appartenir à la religion catholique, bien que la pratique religieuse ait diminué.

Appartenance religieuse	Pourcentage (%)
Catholique	83,4
Aucune appartenance religieuse	5,8
Protestante	4,7
Musulmane	1,5
Chrétienne orthodoxe	1,4
Juive	1,3
Chrétienne (autres)	0,8
Bouddhiste	0,6
Hindoue	0,3
Sikh	0,1
Autres religions	0,05
Religions orientales	0,5

2.93 **La diversité religieuse au Québec en 2001.**

Source : Statistique Canada, 2001

En quoi la diversité religieuse est-elle un avantage pour la société québécoise ? Donnez quelques exemples.

2.94 **Des édifices religieux au Québec : une église chrétienne (a), une synagogue (b) et une mosquée (c).**

La civilisation occidentale et l'importance de l'écrit

La communication

À l'époque des premières grandes civilisations, il y a plus de 5000 ans, la parole et l'écriture étaient les principaux moyens de communiquer. Notre civilisation utilise toujours ces modes de communication. Journaux, magazines et livres sont plus nombreux et plus accessibles que jamais. Aujourd'hui les moyens techniques sont plus perfectionnés : téléphone, Internet, cellulaire, télévision, radio. Les médias transmettent des informations jour et nuit. La planète elle-même est entourée de satellites de communication.

Notre civilisation pourrait-elle fonctionner sans écriture ? Décrivez en quelques lignes ce que serait notre civilisation sans écriture.

L'écrit, une mémoire tangible

Depuis qu'elle a été inventée, l'écriture n'a jamais cessé d'être utilisée. Pour une société, elle est à la fois un support de la mémoire collective et un moyen de communication. Grâce à l'écriture, il est possible de faire connaître les règles et les conventions, la science, la culture et l'histoire. Tout, ou presque, est transmis par l'écrit, la connaissance scientifique plus encore.

$$E = mc^2$$

⌐ 2.95 **La théorie de la relativité d'Einstein.**

Dans cette équation du physicien Albert Einstein, E représente l'énergie, m représente la masse et c^2 représente la vitesse de la lumière (300 000 000 de mètres par seconde) au carré. En gros, l'équation signifie que la masse et l'énergie sont interchangeables. Selon cette théorie de la relativité, les objets qui possèdent une masse ne peuvent pas voyager plus vite que la lumière. Cette théorie a aussi mené à la fission et à la bombe atomique.

⌐ 2.96 **Un monument aux soldats de la Première Guerre mondiale.**

Plusieurs rois ont fait graver sur des stèles leurs exploits durant de grandes batailles : Sargon l'Ancien, Hammourabi, Ramsès et Shi Huangdi, entre autres. Comme par le passé, certains monuments autour de nous commémorent encore aujourd'hui les exploits des héros comme les soldats morts à la guerre. Ce monument, dans un parc de Saint-Lambert, commémore la mémoire des soldats originaires de cette ville et disparus lors de la Première Guerre mondiale (1914-1918). On peut y lire gravé sur la roche : *À la mémoire de ceux de Saint-Lambert qui ont fait le sacrifice suprême durant la Grande Guerre de 1914-1918.*

L'écrit officialise et commémore

Les Égyptiens et les Mésopotamiens avaient déjà compris l'importance des ententes comme le prouve le traité de paix de Qadesh. Dans notre société, les alliances sont encore importantes, comme le montre l'entente signée en février 2002 par les Cris de la Baie-James et le gouvernement du Québec. Cette entente vise à renforcer les relations politiques, économiques et sociales entre le Québec et les Cris dans un esprit de coopération et de partenariat. Elle est appelée la « Paix des Braves ».

⌐ 2.97 **Une rencontre historique.**

En février 2002, le premier ministre du Québec, Bernard Landry, et le chef du Grand Conseil des Cris, Ted Moses, signent la « Paix des Braves ».

L'écrit informe et explique

Aujourd'hui, il serait impensable de croire que nos sociétés puissent fonctionner sans l'écrit. L'écriture est devenue indispensable. En Amérique du Nord, des centaines de journaux paraissent chaque jour et informent le public sur l'économie, la politique, la technologie, la culture, les relations entre citoyens, la religion, les événements quotidiens et sur d'autres sujets jugés d'intérêt public. La quantité d'information à conserver s'est tellement multipliée qu'on a recours à des banques de données et à des supports informatiques pour la stocker.

Ventes totales de livres 2001-2004	2 588 719 700 $
Nombre de livres parus au Québec en 2001	6225
Nombre de brochures parues au Québec en 2001	3774
Production annuelle de papier journal au Québec	3 500 000 tonnes
Nombre de livres dans les bibliothèques publiques au Québec	13 174 875
Temps consacré à la lecture par les jeunes de 12 à 15 ans au Québec en 1998	32,6 %

2.98 Quelques statistiques sur l'écrit au Québec.

Source : Institut de la statistique du Québec

Justice

UTILISATION DES TERRES REVENDIQUÉES
10:20

Les Autochtones devront être consultés

Dorénavant, les gouvernements fédéral et pr[...]
devoir[...]
Natior[...]
reven[...]

Civilisation

ENVIRONNEMENT

Kyoto entrera en vigueur le 16 février 2005

Le protocole de Kyoto entrera en vigueu[...]
ayant[...]
ratific[...]
en ma[...]
sécuri[...]

Pouvoir

BOUCLIER ANTIMISSILE

Ottawa reporte sa décision

Confronté à une vive opposition au sein de son propre parti et à

2.99 Les grands titres de l'actualité, le 18 novembre 2004.

Transfert

UN DOSSIER DE PRESSE EN HÉRITAGE

Montez un dossier de presse qui contient l'information qu'il vous semble important de conserver pour les générations futures. Limitez-vous à une **dizaine** de renseignements liés aux secteurs qui vous semblent les plus importants. Comme vous ne savez pas quelle langue on parlera dans 100 ans ou dans 1000 ans, assurez-vous de bien illustrer les renseignements choisis. Référez-vous à ces concepts : territoire, échanges, pouvoir, communication, justice, religion.

Dans le montage d'un dossier de presse, il faut choisir les articles avec soin et s'assurer de fournir différents points de vue.

Étapes pour le montage d'un dossier de presse

- Déterminer ce que l'on cherche.
  - Est-ce du domaine politique, économique, culturel, technique ou scientifique ?
  - Veut-on parler des choix politiques ? des politiciens ? des deux ?
  - Veut-on parler des échanges ? des objets produits ? du coût des objets ?
  - Veut-on parler des artistes ? des créations artistiques ? des problèmes financiers liés à l'art ? de la communication ? des moyens ? des coûts ?

- Consulter différents journaux.
  - Repérer l'information choisie en spécifiant sa source : titre de l'article, titre du journal, date, auteur de l'article, page.
  - Conserver l'information (découpage, note, photocopie, impression).
  - Classer les articles par catégories.
  - Monter le tout sur quelques pages.
  - Réunir les pages. Couvrir et titrer le dossier.

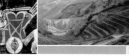

RÉALITÉS D'AUJOURD'HUI

TROISIÈME PARTIE

ACTIVITÉ

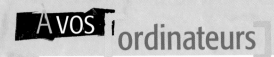

À VOS ordinateurs

LA LANGUE DU CLAVARDAGE

Faites la liste du cyberjargon (langue codée par les internautes) que vous utilisez pour communiquer sur Internet. Décrivez brièvement la signification de chaque code (acronymes, binettes). Composez votre propre page d'explication. Par exemple : ETK veut dire « en tout cas » (de toute façon, peu importe, quoi qu'il arrive).

méthO

L'ÉTUDE DES DOCUMENTS

Pour les historiens, l'étude des documents est le principal moyen de connaître l'histoire et de comprendre le passé. L'analyse des documents écrits et non écrits permet de donner un sens aux événements et de proposer une interprétation.

Les historiens ont recours à plusieurs catégories de documents historiques :

- des documents matériels : outils, instruments, armes, vêtements, édifices, etc. ;
- des documents écrits manuscrits ou imprimés : documents écrits à la main, lettres, livres, journaux, revues, documents produits à l'aide d'un ordinateur, etc. ;
- des documents figurés : dessins, peintures, gravures, photographies, diapositives, plans, cartes, etc. ;
- des documents audiovisuels : disques, cassettes, films, etc. ;
- des documents numériques : fichiers, disquettes, cédéroms, DVD, etc.

Quand ils réunissent de l'information, les historiens essaient habituellement de varier leurs sources, c'est-à-dire d'utiliser diverses catégories de documents. De cette façon, ils s'assurent d'avoir une information la plus juste possible.

En toute citoyenneté

LES BARRAGES HYDROÉLECTRIQUES

Dans ce dossier, vous avez appris que les cours d'eau sont à l'origine de l'établissement des groupes d'êtres humains depuis des millénaires. Ces cours d'eau ont été utiles pour les populations, pour l'agriculture, le transport et le commerce. Aujourd'hui, il y a des barrages hydroélectriques partout sur les cours d'eau.

Au Québec, la demande en électricité ne cesse d'augmenter. Actuellement, le gouvernement du Québec, par l'intermédiaire d'Hydro-Québec, assure la production d'électricité avec plus de 2000 installations hydroélectriques. Il projette de céder des rivières à des entreprises privées pour la construction et l'exploitation de **centrales au fil de l'eau**.

Voici les arguments des gens en accord et les arguments des gens en désaccord avec l'augmentation de la production d'hydroélectricité.

2.100 **Les chutes de Sainte-Ursule.**
Elles représentent un potentiel de sept mégawatts.

pour

- Les coûts de l'électricité diminueront puisque la concurrence entre producteurs sera plus grande.
- Ces projets auront des retombées économiques, ce qui sera bon pour l'ensemble de la société québécoise.
- Il sera possible de revendre les surplus produits.
- L'hydroélectricité est une énergie renouvelable.
- L'hydroélectricité est une énergie propre, non polluante.
- Le Québec possède une expertise unique et des ouvriers spécialisés dans ce domaine.

contre

- Ces projets auront des répercussions sur l'environnement : inondation du territoire et dégradation du paysage.
- L'exploitation des rivières perturbera les habitudes de la population qui ne pourra plus profiter des rivières pour des activités récréatives et touristiques.
- Les rivières appartiennent à la collectivité. Personne ne doit prétendre les posséder et en faire ce qu'il en veut.
- Les gens ne devraient pas modifier la nature. Ils ont l'obligation et la responsabilité de minimiser l'impact qu'ils ont sur la faune et la flore.

En tant que citoyen ou citoyenne, quelle est votre position par rapport à cette réalité ? Justifiez votre réponse.

2.101 **La rivière Portneuf.**

La rivière Portneuf était un lieu de villégiature recherché. Depuis son aménagement, les canoteurs ne peuvent plus y naviguer.

Pour en *savoir plus*...

DES LIVRES ET DES PÉRIODIQUES

BAVAY, Laurent, Laeticia GALLET et Pierre TALLET.
L'Égypte : Tout ce qu'on sait et comment on le sait,
Paris, De La Martinière Jeunesse, 2003.

FRANCIS, Mario.
Leonis 1 : Le talisman des pharaons
(roman), Montréal, Les Intouchables, 2004.

HUNTER, Érica.
La Mésopotamie : de Sumer à Babylone : Atlas historique,
Tournai, Casterman, 1994.

PUTHOD, Marie-France, et Pierrette GUIBOURDENCHE.
L'écriture,
Mouans-Sartoux, PEMF, collection « Un œil sur… », 2004.

ROLAND, Claudine.
Les mystères du Nil : La lionne et le pharaon (roman),
Toulouse, Milan, collection « Poche histoire », 2003.

DES FILMS ET DES VIDÉOS

Histoire du Monde (documentaire), DVD, Canada, 1998.

Le premier DVD de cette série raconte l'histoire de la Chine et de l'Égypte ancienne.

...Et encore plus

DUNAND, Françoise, et Roger LICHTENBERG.
Les Égyptiens,
Paris, Éditions du Chêne, 2004.

GABUCCI, Ada.
L'archéologie : Bassin méditerranéen et Moyen-Orient,
Paris, Solar, 2003.

Grandes civilisations : Afrique, Amérique, Asie, Europe, Océanie,
Paris, Larousse, 2003.

La Chine ancienne : pays du dragon céleste,
Paris, Larousse, 2001.

En mots *et* en images

Alluvion
Dépôt de sédiments (galets, graviers, boues) d'un cours d'eau.

Aristocratie
Classe des nobles et des privilégiés.

Basalte
Roche volcanique dure et de couleur sombre.

Cadastre
Plan qui indique la superficie et le découpage d'un territoire ou d'une ville.

Centrale au fil de l'eau
Type d'installation hydroélectrique aménagée sur des cours d'eau dont le courant est assez fort. Une partie de ce cours d'eau est dérivé dans un canal d'amenée relié à une centrale. L'eau retourne ensuite dans son lit.

Cité-État
Capitale d'un petit royaume indépendant. La cité-État domine le territoire environnant et est dirigée par un roi. Elle possède son propre gouvernement, ses institutions et ses dieux.

Corvée
Travail gratuit qui était dû par le paysan au roi.

Crue
Élévation du niveau d'eau d'un cours d'eau.

Cunéiforme
Se dit d'une écriture dont les signes ont la forme de coins, de clous (en latin, *cuneus* signifie « coin »).

Delta
Terrain d'alluvions à l'embouchure d'un fleuve.

Drainage
Opération qui consiste à retirer l'eau retenue en excès dans des terres cultivables. Le drainage s'effectue à l'aide d'un système de canaux.

Droits de propriété
Droits d'une personne d'utiliser, de façon exclusive et absolue, un bien qu'elle possède.

Dynastie
Succession de souverains appartenant à la même famille.

Empire
Ensemble de territoires gouvernés par une autorité unique.

Équinoxe
Période de l'année où la durée du jour et la durée de la nuit sont égales. Il y a deux équinoxes par an : l'équinoxe de printemps et l'équinoxe d'automne.

Faïence
Céramique d'argile recouverte de vernis imperméable opaque.

Fonctionnaire
Personne employée par l'État.

Idéogramme
Image qui représente une idée, par exemple : le verbe *tomber* est illustré par un homme qui bascule. La fonction de pharaon est représentée par un vautour ou un cobra.

Irrigation
Opération qui consiste à arroser des terres cultivables. Pour ce faire, l'eau retenue dans les réservoirs est amenée sur les terres à l'aide d'un système de canaux. Les systèmes d'irrigation sont devenus plus complexes avec le temps.

Labourage
Action de travailler la terre, de la retourner avec une charrue ou un autre instrument de labour pour la rendre plus meuble.

Limon
Terre ou fines particules de toutes sortes (pierres, terres, pollen, poussières atmosphériques, résidus des rejets humains et animaliers, etc.) entraînées par les eaux et déposées sur le lit et les rives des fleuves.

Muskenum
Homme libre déclassé ou esclave affranchi.

Panthéon
Ensemble des dieux ou des divinités d'une religion polythéiste.

Papyrus
Plante à grosse tige qui pousse exclusivement sur les rives du Nil. Ce mot désigne aussi la feuille que les Égyptiens fabriquaient avec cette plante. Ils coupaient la tige en sections et retiraient l'écorce. Ils découpaient ensuite ces sections en bandes minces qu'ils faisaient tremper dans l'eau avant de les joindre les unes aux autres. Une autre couche de bandes était déposée sur les premières en sens contraire. Le tout était finalement pressé pour former une feuille. Une fois séchée, la feuille était prête à recevoir de l'écriture.

Pictogramme
Dessin qui représente un mot ou une idée. Un pictogramme permet de rendre une information disponible à tous, peu importe la langue parlée.

Ce pictogramme est un symbole universel indiquant un aéroport.

Phonétique
Qui se rapporte aux sons du langage. Un alphabet phonétique est un système où chaque signe graphique correspond à un son.

Phonogramme
Image qui représente un son ou une suite de sons, par exemple, le son k est représenté par une écuelle.

Réseau hydrographique
Ensemble des cours d'eau, des lacs et des ruisseaux d'une région.

Tribut
Don qu'un peuple conquis est obligé de faire à son conquérant. Le tribut exigé est payé en une seule fois ou à plusieurs reprises, par exemple à chaque année ou à chaque fête. Les tributs exigés, souvent excessifs, sont une des causes des rébellions et des renversements de pouvoir.

Vanner
Secouer les grains pour les nettoyer en les séparant des poussières et autres impuretés.

Ziggourat
Édifice religieux d'origine mésopotamienne, en forme de pyramide.

DOSSIER 3

Des citoyens
au pouvoir

À Athènes, vers 508 avant notre ère, le pouvoir devient l'affaire
des citoyens. C'est la première expérience de démocratie.
Mais que veut dire le mot *démocratie*? Qu'est-ce qu'un
citoyen? Pourquoi les Grecs ont-ils eu recours à la démocratie?
Dans une démocratie, les citoyens se prononcent, entre autres,
en exerçant leur droit de vote. Aujourd'hui, sommes-nous
en démocratie? Est-ce un héritage de la civilisation grecque?

-10 000

-3500

PRÉHISTOIRE

HISTOIRE

● Paléolithique ○ Néolithique ● Antiquité ● Moyen Âge ● Temps modernes ● Époque contemporaine

128

3.2 Aujourd'hui
La Chambre des communes du Parlement canadien.

3.1 Hier
L'assemblée sur la colline de la Pnyx.

| -600 | -400 | J.-C. | 476 | | 1492 | 1789 | |

Une première expérience de démocratie

Sommaire

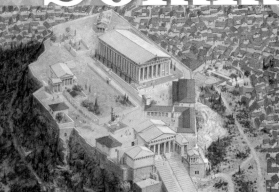

Coup d'œil sur les réalités du passé

C'est une Méditerranée aux villes en plein développement, bouillonnantes d'activité, d'innovation, d'art et de commerce, qui voit s'affronter des peuples ennemis. Chacun veut imposer sa culture et sa façon de gouverner. Au 5ᵉ siècle avant notre ère, la société athénienne se développe et s'organise d'une façon encore jamais vue : elle instaure une première forme de démocratie.

E U R O P E

Athènes est au cœur des conflits de son époque dans la Méditerranée. Sa volonté d'expansion menace ses voisins. Sa démocratie inquiète les chefs des autres territoires.

OCÉAN ATLANTIQUE

Mer Adriatique

Mer Noire

Mer Égée

Corinthe

• Athènes

Sparte •

EMPIRE PERSE

Mer Méditerranée

Sparte et Athènes sont longtemps rivales. Les guerres du Péloponnèse les opposent plus d'une fois. La **république** monarchique de Sparte s'oppose à la démocratie athénienne.

A F R I Q U E

0   200 km

L'Empire perse, une monarchie héréditaire, veut résolument étendre son territoire. Cet empire se heurte à Athènes, qui veut aussi étendre son territoire et qui se défend fermement. Les guerres médiques marquent l'histoire de ces sociétés.

⌐ **3.3 Le bassin méditerranéen.**

Qu'est-ce que la démocratie ? Comment et pourquoi est-elle apparue ?
Le peuple d'Athènes fonde la démocratie en s'appuyant sur une pensée
philosophique simple : les hommes sont égaux !

La naissance d'une démocratie

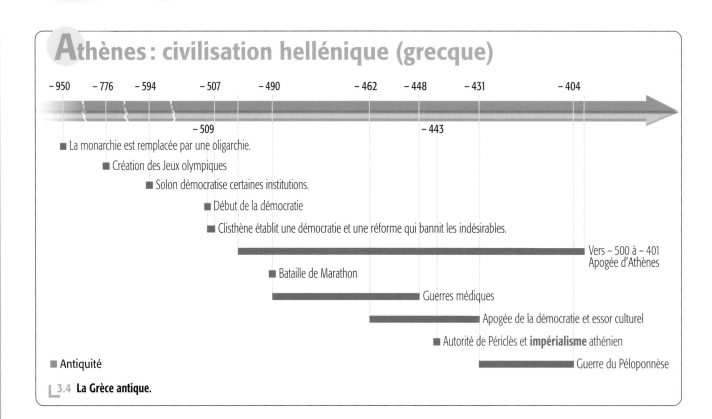

Athènes : civilisation hellénique (grecque)

−950   −776   −594   −507   −490   −462   −448   −431   −404

−509   −443

- La monarchie est remplacée par une oligarchie.
- Création des Jeux olympiques
- Solon démocratise certaines institutions.
- Début de la démocratie
- Clisthène établit une démocratie et une réforme qui bannit les indésirables.

Vers −500 à −401
Apogée d'Athènes

- Bataille de Marathon

Guerres médiques

Apogée de la démocratie et essor culturel

- Autorité de Périclès et **impérialisme** athénien

Guerre du Péloponnèse

- Antiquité

3.4 **La Grèce antique.**

La démocratie, une réponse à l'inégalité

La civilisation grecque se développe rapidement autour de la mer Égée entre 800 et 750 avant notre ère. Le territoire s'organise en cités-États indépendantes formées selon leur propre modèle. À l'origine, Athènes, une importante cité-État, est une monarchie, c'est-à-dire qu'elle est dirigée par un roi. Mais peu à peu de puissantes familles terriennes (les **aristocrates**) s'emparent du pouvoir. Au 7e siècle avant notre ère, ces familles contrôlent l'organisation politique, la justice, la religion et l'armée d'Athènes. Ce régime s'appelle une *oligarchie*.

D'autres groupes veulent aussi participer à l'administration de la cité. Les marchands et les artisans jouent un rôle important dans l'économie. Les gens du peuple servent dans l'armée. Ils se battent pour protéger la cité. La production des petits paysans ne suffit plus pour leur assurer une certaine indépendance. Ils sont parfois si endettés qu'ils doivent devenir esclaves de leurs créanciers pour rembourser leur dette. Tous souhaitent des changements. Des révoltes éclatent. Les grandes familles perdent l'exclusivité du pouvoir, l'oligarchie fait place à la première démocratie. Désormais, chaque citoyen peut participer à la vie politique.

PREMIÈRE PARTIE **ATHÈNES, UNE DÉMOCRATIE**

Le territoire égéen

└ 3.5 **L'Attique.**

Athènes, au cœur de l'Attique, développe la première démocratie.

La cité-État

La cité-État d'Athènes

Comme en Mésopotamie, le territoire de la Grèce comprend plusieurs cités-États organisées, indépendantes et rivales. Une cité-État est formée d'une ville qui gouverne le territoire qui l'entoure. Elle gère la production de son domaine et le défend contre les tentatives d'expansion des autres cités-États. Ses habitants partagent une langue, une culture et une religion.

La cité-État d'Athènes règne sur la région de l'Attique. Tous les villages de cette région s'identifient à elle et lui sont soumis. Comme les autres cités-États grecques, elle comprend trois lieux essentiels : l'Acropole, une citadelle fortifiée, l'**Agora**, un marché à ciel ouvert, et la colline de la Pnyx, un lieu d'assemblée. Ces espaces publics jouent un rôle primordial dans le fonctionnement de la démocratie.

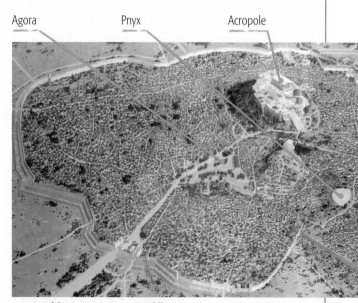

└ 3.6 **Athènes et ses espaces publics.**

La puissance militaire d'Athènes

Athènes est une grande puissance militaire. Sur terre, ses troupes d'hoplites sont dirigées par des généraux inventifs qui repoussent sans cesse les frontières des États voisins. Les combats sur mer sont menés par des généraux compétents, leurs troupes sont très efficaces au combat. Avec une flotte de plus de 200 navires, appelés *trières*, les Athéniens imposent le respect.

De 490 à 448 avant notre ère, Athènes repousse les Perses qui tentent d'envahir son territoire. C'est l'époque des guerres médiques (cette appellation vient du fait que les Perses sont aussi connus sous le nom de Mèdes). En 480 avant notre ère, pour réussir à vaincre la puissance de l'Empire perse de Xerxès, Athènes doit faire alliance avec plusieurs autres cités-États grecques, dont Sparte, sa principale rivale.

Proue

Éperon

Poupe

Niveau des rames

⌊ 3.7 **Une trière athénienne.**

Une trière avance grâce aux efforts de 170 rameurs assis en 3 rangs superposés dans la cale. Chaque trière mesure 40 mètres de longueur et atteint 8 nœuds (14,6 km/h).

Les hoplites

Les soldats de l'armée athénienne sont appelés *hoplites*. On les recrute dans les classes moyennes de la population. Leur puissance inspire la crainte.

Casque de type corinthien ou casque à grand **cimier**

Cuirasse en métal

Bouclier fait d'**airain** et de cuir de bœuf

Pique ou lance

Sarisse ferrée aux deux extrémités

⌊ 3.9 **Des hoplites athéniens.**

⌊ 3.8 **La phalange grecque.**

Les soldats grecs, les hoplites (en grec, *hoplon* signifie « arme »), utilisent une formation nommée *phalange* qui leur donne un avantage marqué sur leurs adversaires. Ils avancent en lignes serrées et présentent à l'ennemi un mur de boucliers. Ainsi, chaque soldat est protégé par le bouclier de son voisin.

La puissance économique et politique d'Athènes

La Grèce est une région montagneuse. Le transport des marchandises est plus facile par la mer. Chaque cité-État cherche donc à contrôler ses voies maritimes pour protéger et imposer son commerce.

À Athènes, l'économie repose sur l'agriculture et le commerce de la production agricole. Les campagnes sous la domination athénienne produisent des céréales, des olives et du raisin. Les Athéniens exportent principalement du vin et de l'huile ainsi que des produits artisanaux. En échange, leurs navires rapportent du blé, du bois et du fer.

Vers 478 avant notre ère, 140 cités grecques forment une alliance (la ligue de Délos) pour se protéger des Perses. Chaque membre accepte de fournir des navires ou de verser de l'argent dans un trésor commun. En cas de menace, cette richesse doit servir à équiper une flotte de guerre. Athènes prend le contrôle de la ligue de Délos. Grâce à sa puissante flotte, elle domine le commerce et l'économie sur la Méditerranée et la mer Noire.

3.10 **La ligue de Délos (vers 478 avant notre ère).**

3.11 **Une drachme athénienne ; (a) face ; (b) pile.**
Après les guerres médiques, l'usage de la monnaie de métal devient courant dans les cités grecques. Chaque cité frappe sa propre monnaie. Sur le côté face de la drachme athénienne, il y a la tête de la déesse Athéna. Sur le côté pile, il y a une chouette, une pousse d'olivier et les trois premières lettres du nom de la cité, soit A, Θ qui correspond à *th* dans l'alphabet grec et E.

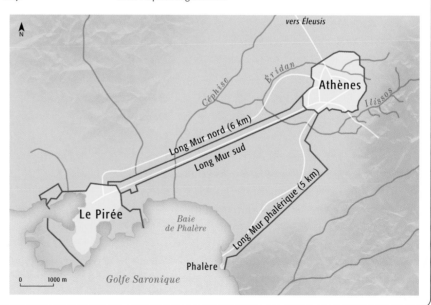

3.12 **Le Pirée, port d'Athènes.**
Dans les années 400 avant notre ère, Athènes fait construire les Longs Murs afin d'assurer sa défense et d'être reliée à une nouvelle ville où elle aménage un port : le Pirée. Ce port maritime est essentiel pour Athènes.
À l'époque, c'est le plus grand jamais construit.

2 La société athénienne

Athènes, puissance militaire et commerciale, est une démocratie.
Ses citoyens décident du fonctionnement de la société.
Qui sont les citoyens ? Quelle société mettent-ils en place ?

La population athénienne

Les citoyens d'Athènes : une minorité

Population athénienne
entre 275 000 et 400 000 personnes

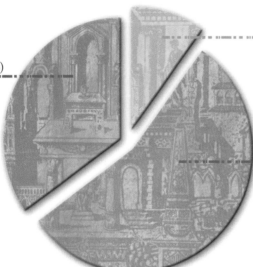

Non-citoyens non libres (environ 35 %)
- Esclaves
- Quelques habitants condamnés au servage

Population qui ne participe pas à la vie démocratique : environ 90 % des habitants.

Citoyens (environ 10 %)
- Hommes
- Nés de parents athéniens (père citoyen et mère fille de citoyen)
- Libres

Non-citoyens libres (environ 55 %)
- Métèques
- Affranchis
- Femmes de citoyens
- Enfants de citoyens de moins de 18 ans

⌐3.13 **La population d'Athènes au 5ᵉ siècle avant notre ère.**

Les citoyens sont une minorité dans la société athénienne.
Ils exercent le pouvoir en tenant peu compte de l'avis de la majorité de la population.

Source : ©1996-1999 Grectel et Département des programmes éducatifs – Ministère hellénique de la culture.

Les citoyens athéniens ont certainement pris des décisions à leur avantage. Selon vous, qui d'autre ces décisions pouvaient-elles avantager ?

Le citoyen

Le citoyen athénien est un homme libre âgé de plus de 20 ans une fois son service militaire terminé. Son père est citoyen et sa mère est fille de citoyen. Lorsqu'il devient chef de famille, sa femme, ses enfants et ses esclaves doivent lui obéir. Certains citoyens sont paysans et passent leurs journées aux champs. D'autres sont artisans et s'occupent de leur atelier. Les plus riches se consacrent exclusivement à la vie politique.

⌐3.14 **Un citoyen athénien.**

Les droits et les devoirs d'un citoyen

Ses droits

Le citoyen possède des droits : participer à l'assemblée des citoyens et exercer son droit de vote, occuper des fonctions politiques, participer au culte public, se marier et être propriétaire de terres.

Ses devoirs

Le citoyen a aussi des devoirs. Il doit défendre la cité en servant dans l'armée comme hoplite ou sur un navire de guerre. Il doit aussi payer des impôts et occuper bénévolement certaines fonctions publiques.

 Dans notre régime politique, qui représente les citoyens ? Comment appelle-t-on l'institution où siège ce représentant ou cette représentante ?

L'épouse d'un citoyen

Comme toutes les femmes d'Athènes, la fille ou l'épouse d'un citoyen n'a pas le statut de citoyen. Elle n'a aucun droit et ne peut ni choisir son mari, ni posséder de biens.

L'épouse d'un citoyen passe la plus grande partie de sa vie dans une pièce réservée aux femmes et aux enfants : le gyné-cée. Dans la maison, elle dirige les esclaves, planifie les activités, file, tisse, confectionne des vêtements, cuisine et voit à l'entretien ménager. Elle est en charge de l'administration du budget de la famille et de l'éducation des jeunes enfants. Elle sort parfois, mais elle ne le fait jamais en compagnie de son mari. Habituellement, elle rend visite à des amies. Une femme de haut rang doit toujours être accompagnée, le plus souvent par une esclave. Plus libres, les femmes de condition modeste sortent faire des provisions à l'Agora.

⌐ **3.15 Une Athénienne.**

⌐ **3.16 Le gynécée s'ouvre parfois sur une cour.**

L'espace privé athénien

À Athènes, les riches citoyens possèdent une vaste demeure éclairée par plusieurs fenêtres. Les pièces sont réparties autour d'une cour intérieure où se tiennent les banquets, très importants dans la vie sociale grecque. La cuisine est située au rez-de-chaussée. Un escalier mène à l'étage où se trouvent l'appartement des hommes et le gynécée, une pièce réservée aux femmes et aux enfants. Quant aux citoyens pauvres, ils vivent généralement dans une petite maison en torchis (un mélange de terre et de paille).

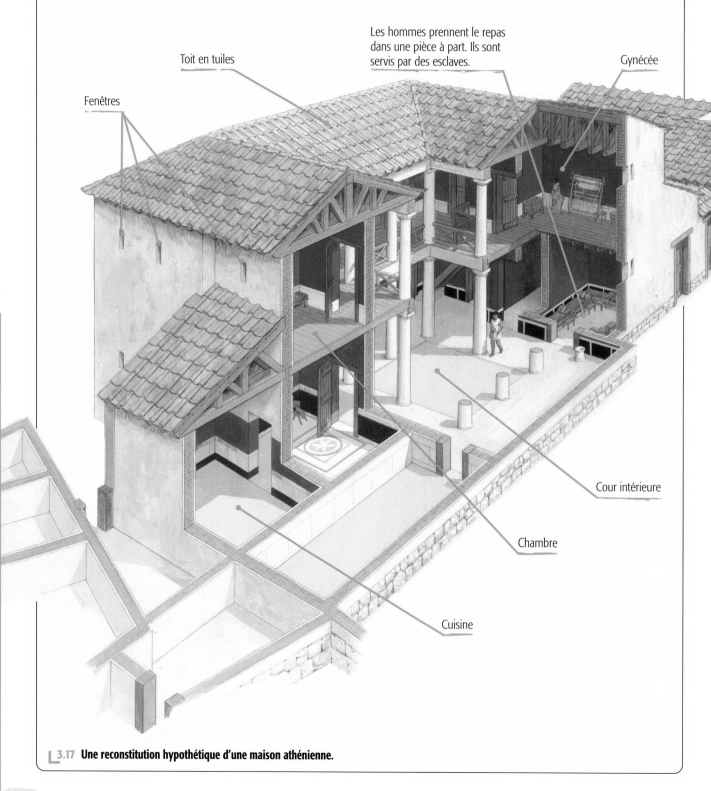

Toit en tuiles

Fenêtres

Les hommes prennent le repas dans une pièce à part. Ils sont servis par des esclaves.

Gynécée

Cour intérieure

Chambre

Cuisine

⌐ 3.17 Une reconstitution hypothétique d'une maison athénienne.

Les métèques

Les métèques ne sont pas citoyens, mais ils sont libres. Ce sont des étrangers établis à Athènes. Ils jouent un rôle essentiel dans la cité-État. La plupart sont marchands. Ce sont eux qui contrôlent le commerce et font la richesse d'Athènes par les taxes et les impôts qu'ils paient et par leurs activités commerciales. D'autres sont artisans, médecins, philosophes ou artistes. Les métèques paient des impôts et servent dans la marine en temps de guerre. Ils n'ont pas le droit de posséder des terres, mais peuvent avoir des biens. Le mariage avec une fille de citoyen leur est interdit.

Les femmes métèques profitent d'une plus grande liberté que les femmes de citoyens. Certaines possèdent des boutiques et pratiquent le commerce. Quelques-unes arrivent même à exercer une certaine influence sur la vie politique. Au moins 25 000 métèques résident à Athènes.

3.18 Un métèque célèbre : Hippocrate.

Hippocrate naît vers 460 avant notre ère sur l'île de Kos (mer Égée) et meurt à Larissa, en Thessalie, vers 377. Il est considéré comme le père de la médecine et il est l'auteur du serment professionnel que prêtent encore aujourd'hui tous les médecins.

Les esclaves

Malgré les idées **égalitaires** d'Athènes sur l'être humain, l'esclavage existe encore. L'esclavage athénien n'est ni violent ni dégradant, car les maîtres considèrent que les esclaves font partie de la famille. Ils n'ont cependant aucun droit. Ce sont généralement des prisonniers de guerre, des enfants d'esclaves ou des personnes vendues par des pirates. Certains citoyens deviennent aussi esclaves lorsqu'ils sont incapables de rembourser leurs dettes. Très nombreux dans la société athénienne, les esclaves forment la main-d'œuvre indispensable à l'agriculture et aux travaux de production.

3.19 Un esclave athénien au travail.

Les affranchis

Dans la société athénienne, les esclaves peuvent être affranchis, c'est-à-dire être libérés de leur condition d'esclaves. Comme ils sont souvent rémunérés, surtout lorsqu'ils sont loués, ils conservent une partie de leur salaire qu'ils peuvent utiliser pour acheter leur liberté. Leur maître peut aussi les affranchir pour les récompenser de leurs bons services ou les libérer par testament.

La vie politique à Athènes

L'espace public

Dans les espaces publics, les citoyens participent à la vie politique. C'est là qu'ils discutent, entre hommes, des choses politiques. Sur la colline de la Pnyx se tiennent des assemblées où les citoyens prennent des décisions. Cependant, l'Agora est le lieu par excellence de la démocratie. À cet endroit, les métèques et les femmes réussissent par leur conversation à influencer les idées des citoyens.

La colline de la Pnyx

⌐ 3.20 **Les vestiges du lieu d'assemblée sur la colline de la Pnyx.**

La colline de la Pnyx est située à l'ouest de l'Acropole. Elle est un lieu primordial de la vie politique d'Athènes. Il en reste aujourd'hui la tribune des orateurs, un mur semi-circulaire, qui retenait la terrasse aménagée pour accueillir l'auditoire, et deux portiques.

L'Agora

L'Agora, une place publique située en plein cœur d'Athènes, se trouve juste au pied de l'Acropole. Ce marché en plein air, entouré d'édifices publics, est rempli d'étals de marchands et d'artisans.

C'est sur l'Agora que les hommes se rencontrent pour discuter. C'est d'ailleurs leur principale activité.

Des orateurs montés sur des estrades ou simplement sur une charrette s'adressent au public et font valoir leurs idées. Les lois, gravées sur des tablettes de pierre, sont exposées sur l'Agora afin que tous les citoyens puissent les connaître. C'est le lieu démocratique par excellence de la Grèce antique. Citoyens et non-citoyens y échangent leurs points de vue.

3.21 **L'Agora d'Athènes.**

L'Agora est un grand marché à ciel ouvert entouré d'édifices publics. À l'horizon, se profilent l'Acropole et le chemin des panathénées.

Les institutions et le pouvoir

Solon démocratise les institutions

En 594 avant notre ère, Athènes est en crise. Ses institutions oligarchiques sont contestées. Solon, un dirigeant d'Athènes, fait le premier pas vers la démocratie. Il annule les dettes des petits paysans et abolit l'esclavage pour dettes. Il crée l'Héliée, un tribunal populaire devant lequel tout citoyen peut faire valoir ses droits. Il donne à Athènes une première **constitution** qui établit les bases de la démocratie. Solon divise la société en quatre classes, selon le nombre de mesures de blé que possède chaque groupe. Ce système n'est cependant pas égalitaire, puisque seules les trois premières classes peuvent participer à la vie politique. Les pauvres, c'est-à-dire ceux qui possèdent le moins de mesures de blé, sont privés de droits.

[...] j'ai suivi mon chemin jusqu'au bout comme je l'avais promis. J'ai rédigé des lois semblables pour le bon et pour le méchant, fixant pour chacun une justice droite.

SOLON cité par Aristote dans *Constitution d'Athènes* entre −330 et −325.

3.22 Solon.
Homme de loi, Solon a vécu à Athènes (vers −640 à vers −558).

Clisthène instaure la démocratie

Clisthène, un aristocrate, prend le pouvoir en 508 avant notre ère. Il a dû renverser le tyran Hippias, vaincre les Spartiates et participer à une révolution populaire pour mettre en place la première démocratie. Il fonde le régime de l'égalité devant la loi, enlève tout pouvoir politique aux familles aristocratiques pour le donner au peuple. Il accorde les mêmes droits à tous les citoyens. Il ajoute à ces réformes l'ostracisme, qui consiste à bannir certains citoyens dont la conduite laisse à désirer.

Protéger la démocratie

3.23 Une stèle pour protéger la démocratie.

Cette stèle représente la liberté couronnant le peuple. Elle a été sculptée en 336 avant notre ère, alors qu'Athènes vote une loi pour prévenir le rétablissement de la tyrannie et la fait inscrire sur la stèle.

Si quelqu'un s'élève contre le peuple pour installer la tyrannie ou aide à l'installation de la tyrannie, ou porte atteinte au peuple et à la démocratie des Athéniens, alors que soit honoré qui tuera celui qui aura entrepris un de ces crimes.

(Extrait de la citation inscrite sur la stèle ci-contre.)

Périclès réforme la démocratie

Périclès dirige Athènes de 451 jusqu'à sa mort en 429 avant notre ère. Il commande l'armée et jouit d'une grande autorité. Il est un orateur exceptionnel. Afin de permettre à tous les citoyens de participer à la vie politique, il continue les réformes entreprises par ses prédécesseurs. L'une de ces réformes consiste à accorder un salaire à ceux qui assistent aux assemblées ou qui exercent des fonctions publiques. Ainsi, même les plus pauvres pourront s'impliquer dans la démocratie. Mais c'est aussi Périclès qui fait voter la loi selon laquelle seuls les enfants de parents citoyens peuvent avoir le statut de citoyen.

Périclès poursuit l'œuvre de Solon et de Clisthène et marque Athènes en mettant fin à l'oligarchie, mais aussi en devenant un chef militaire puissant. Il repousse les frontières d'Athènes. Sous son règne, Athènes atteint son apogée.

> *Chez nous, il n'est pas honteux d'avouer sa pauvreté; il l'est bien davantage de ne pas chercher à l'éviter. Les mêmes hommes peuvent s'adonner à leurs affaires particulières et à celles de l'État [...] Seuls nous considérons l'homme qui n'y participe pas comme un inutile et non comme un oisif.*
>
> Périclès cité par Thucydide vers –431.

⌐3.24 **Périclès, un citoyen hors du commun.**

Périclès joue un rôle si important dans l'histoire d'Athènes que les historiens ont nommé son époque *siècle de Périclès*.

⌐3.25 **Périclès parlant à une foule.**

Des limites à la démocratie

En réalité, la démocratie athénienne a des limites. Seuls les citoyens participent à la vie politique et ils sont peu nombreux. Le pouvoir demeure concentré entre les mains d'une minorité, celle des riches citadins. Les femmes, qu'elles soient femmes de citoyens ou non, les métèques et les esclaves en sont exclus. Les citoyens pauvres qui habitent loin de la ville peuvent difficilement abandonner leur travail et se déplacer pour se joindre aux assemblées.

De plus, il est aussi possible de perdre ses droits de citoyens. Une réforme établie par Clisthène détermine qu'une fois par année les citoyens se réunissent à l'Agora et votent pour bannir de la cité les citoyens jugés indésirables. On appelle cette mesure l'*ostracisme*. L'individu ostracisé est exilé de la cité pour 10 ans.

La démocratie athénienne satisfait certains citoyens, mais plusieurs sont mécontents. Les riches perdent des droits et il y a beaucoup d'exclus. Aussi, la démocratie est-elle souvent la cible de discussions. Certaines personnes sont « pour » et d'autres, « contre ».

⌐3.27 **Un jeton d'ostracisme.**

⌐3.26 **Thémistocle.**

Les citoyens votent l'ostracisme au moyen de jetons appelés *ostraka*. Ce jeton porte le nom de Thémistocle, un homme politique et un général athénien ostracisé en 470 avant notre ère.

Témoins de l'histoire

ASPASIE

Pendant près de 20 ans, Périclès vit avec sa bien-aimée, Aspasie, la plus belle et la plus éduquée des femmes. Née à Milet, en Ionie, la jeune Aspasie quitte la maison paternelle pour se rendre à Athènes. Elle y fonde une école où elle enseigne l'art de bien parler et la philosophie. Le réputé Socrate sera l'un de ses plus brillants élèves.

Elle vit avec Périclès, mais son statut social de métèque l'empêche de l'épouser. Leur fils ne sera pas considéré comme un citoyen. C'est pourtant grâce à son statut de métèque qu'Aspasie peut dire tout haut ce qu'elle pense et conseiller Périclès dans les affaires de la cité. Une épouse athénienne n'en aurait pas le droit. Elle encourage même les femmes athéniennes à s'instruire et à s'impliquer dans les affaires publiques. Pour elle, la femme athénienne doit être l'égale de l'homme. On s'attaque finalement à elle au cours d'un célèbre procès. Périclès se charge de la défense de sa compagne et obtient son acquittement.

À la mort de Périclès, Aspasie craint le pire. Cependant, les Athéniens la respectent et font même changer la loi pour que son fils puisse obtenir la citoyenneté athénienne. Elle consacre le reste de sa vie à son enseignement tout en continuant d'inciter les Athéniennes à demander plus de liberté.

⌐3.28 **Aspasie, un exemple de liberté intellectuelle et morale.**

Pour ou contre la démocratie ?

Pour

[...] on en est arrivé au régime actuel en attribuant toujours de plus grands pouvoirs à la majorité. Car le peuple s'est rendu maître de tout et tout est réglé par les décrets et les tribunaux où le peuple est souverain.

ARISTOTE, *Constitution d'Athènes* entre −330 et −325.

• • •

Notre constitution politique n'a rien à envier aux lois qui régissent nos voisins ; loin d'imiter les autres, nous donnons l'exemple à suivre. Du fait que l'État, chez nous, est administré dans l'intérêt de la masse et non d'une minorité, notre régime a pris le nom de démocratie. En ce qui concerne les différends particuliers, l'égalité est assurée à tous par les lois ; mais en ce qui concerne la participation à la vie publique, chacun obtient la considération en raison de son mérite, et la classe à laquelle il appartient importe moins que sa valeur personnelle ; enfin nul n'est gêné par la pauvreté et par l'obscurité de sa condition sociale, s'il peut rendre des services à la cité.

THUCYDIDE, *Histoire de la guerre du Péloponnèse* vers −431.

 • **Thucydide est ambivalent vis-à-vis de la démocratie. Quels sont ses arguments « pour » et ceux « contre » ?**
• **Dressez un tableau des arguments tirés des autres citations montrées sur cette page.**

Contre

Périclès avait de l'influence en raison de la considération qui l'entourait et de la profondeur de son intelligence ; il était d'un désintéressement absolu sans attenter à la liberté ; il contenait la multitude qu'il menait, beaucoup plus qu'elle ne le menait. N'ayant acquis son influence que par des moyens honnêtes, il n'avait pas à flatter la foule. Grâce à son autorité personnelle, il pouvait lui tenir tête et même lui montrer son irritation. [...] Ce gouvernement portait le nom de démocratie, en réalité c'était le gouvernement d'un seul homme.

THUCYDIDE, *Histoire de la guerre du Péloponnèse* vers −431.

• • •

La ville d'où je viens obéit à un seul, non à la multitude : il n'est point d'orateur qui l'exalte et la flatte et l'entraîne en tous sens, dans son propre intérêt.

EURIPIDE, *Les Suppliantes* vers −424.

• • •

Il se trouve en effet que le peuple athénien a toujours ressemblé à un navire sans commandant. Sur un navire comme celui-là, quand la peur de l'ennemi ou la proximité de la tempête incitent les hommes à bord à s'entendre et à écouter le pilote, ils font leur devoir remarquablement ; mais quand la confiance en eux-mêmes les pousse à mépriser leurs chefs et à se quereller entre eux parce qu'ils ne sont plus tous du même avis, lorsque les uns préfèrent continuer la route et que les autres pressent le pilote de jeter l'ancre, que les uns déploient les voiles tandis que les autres s'y opposent et veulent qu'on les cargue, alors ces querelles et ces dissensions internes donnent à ceux qui les observent de l'extérieur un spectacle honteux, tandis que la situation devient périlleuse pour tous ceux qui se sont embarqués ensemble sur ce bateau.

POLYBE, *Histoires* vers −146.

Les institutions de la démocratie athénienne

La démocratie athénienne est une démocratie directe : le citoyen participe aux décisions sans passer par un intermédiaire élu. Aussi, les assemblées sont-elles nombreuses.

Le citoyen a le droit :
- d'exprimer son opinion sur les questions traitées par l'assemblée ;
- de soumettre un projet au vote de l'assemblée ;
- de voter directement sur un projet de loi soumis à l'assemblée ;
- de siéger comme **magistrat**.

Modèle de la démocratie athénienne

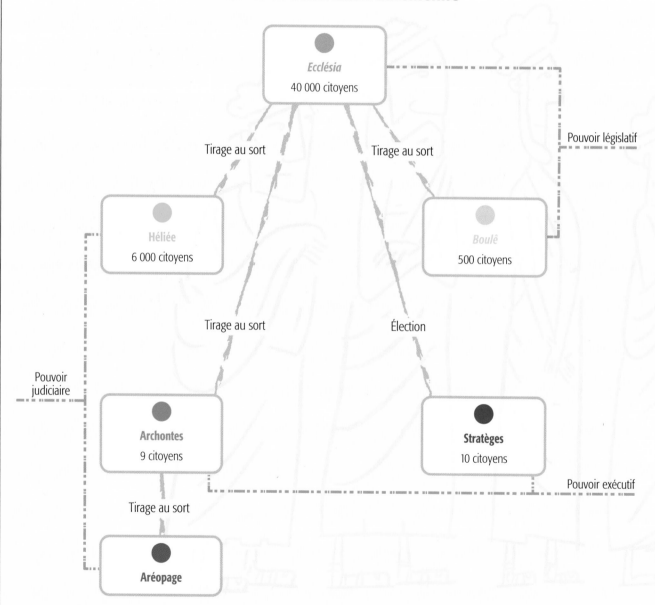

3.29 **Les institutions de la démocratie athénienne au 5ᵉ siècle avant notre ère.**

Ecclésia (Pouvoir législatif)

L'*ecclésia* est l'assemblée de tous les citoyens. Elle est la principale institution démocratique d'Athènes. Elle se réunit trois à quatre fois par mois sur la colline de la Pnyx. Elle vote les lois, les dépenses publiques, les déclarations de guerre et les traités de paix. Tout citoyen y a le droit de parole et le droit de vote. Le plus souvent, on vote à main levée.

Héliée (Pouvoir judiciaire)

L'Héliée administre la justice et juge les affaires publiques de la cité. Le **mandat** de ses membres n'est pas renouvelable. L'Héliée siège en plein air, au soleil (*hêlios,* en grec), d'où son nom.

Archontes (Pouvoir exécutif)

Les archontes sont choisis parmi des volontaires issus des classes les plus riches. Ils exécutent les décisions de l'*ecclésia.* Ils président les cérémonies religieuses et siègent aux tribunaux. Ils ont beaucoup de prestige, mais peu d'influence politique. Leur mandat n'est pas renouvelable.

Aréopage (Pouvoir judiciaire)

L'Aréopage est composé d'anciens archontes. Il juge les causes criminelles, mais ses décisions peuvent être renversées par l'*ecclésia.* Il siège sur la colline d'Arès, qui est à l'origine de son nom. Le mandat des membres de l'Aréopage dure un an et n'est pas renouvelable.

Boulê (Pouvoir législatif)

La *boulê* s'occupe de l'administration courante de la cité. Elle prépare les projets de lois qui sont soumis à l'*ecclésia.* Elle surveille aussi le travail des magistrats. Le mandat de ses membres n'est pas renouvelable.

Stratèges  (Pouvoir exécutif)

Les stratèges dirigent l'armée. Leur influence auprès de l'*ecclésia* augmente et ils deviennent les véritables chefs du gouvernement. Leur mandat est renouvelable.

 Dans notre régime politique, l'élection des représentants ou des représentantes est-elle due au hasard comme à Athènes ? Sinon, comment se passe leur élection ? Leur mandat est-il renouvelable ? Où siègent ces représentants ou ces représentantes ?

3 La culture à Athènes

À Athènes, la démocratie influence à coup sûr la vie de tous les jours.
Change-t-elle le comportement des individus, l'éducation, l'art ?
Peut-on affirmer que la démocratie garantit une plus grande liberté ?

L'éducation

L'éducation du futur citoyen

À Athènes, l'éducation est très importante : elle prépare les futurs citoyens à jouer un rôle actif dans la démocratie. Seuls les garçons y ont accès. Dès que son fils atteint l'âge de sept ans, le citoyen riche lui choisit un maître. Le garçon est formé à la lecture, à l'écriture, aux mathématiques et à la musique. À 12 ans, on lui enseigne l'éducation physique. Dans un terrain de sport ouvert (la palestre), il apprend la lutte, la course, le lancer du disque et du javelot et la gymnastique. Les fils de citoyens plus pauvres, eux, peuvent devenir apprentis auprès d'un maître pendant six ans et apprendre un métier. Ils deviendront, par exemple, architectes, potiers ou menuisiers.

Un fils de famille riche peut poursuivre son éducation et étudier les arts, les sciences et la musique dans une académie. À 18 ans, l'éducation d'un garçon est terminée. Après un service militaire de deux ans, il est considéré comme un citoyen à part entière.

3.30 L'éducation d'un garçon.

La musique est importante pour les Athéniens. Les garçons apprennent à chanter, à jouer de la lyre et de la flûte. Sur cette illustration, un garçon reçoit des leçons de musique.

L'éducation de la femme

Les filles ne vont pas à l'école. Elles apprennent la musique, parfois auprès de leur mère ou des autres femmes de la maison, parfois auprès d'une préceptrice. Dans les familles riches, c'est souvent une esclave qui leur enseigne comment bien tenir une maison et comment se comporter en société. Elles apprennent aussi le chant, la danse, mais seulement un peu d'écriture et de lecture. Elles ne s'adonnent aux exercices physiques que lors des fêtes et rarement en public.

 Aujourd'hui, dans notre société, les garçons et les filles reçoivent-ils la même éducation ? Expliquez votre réponse.

L'écriture grecque

L'écriture grecque provient d'une longue tradition et résulte des échanges entre différents peuples. Son histoire remonte à l'époque de la Mésopotamie. Les signes cunéiformes sont organisés par les scribes d'Ougarit pour former un alphabet qui comprend 30 signes. Cet alphabet est adopté par les Phéniciens. Les Grecs qui les côtoient utilisent le système d'écriture phénicien. Ils lui ajoutent des voyelles : le *A* (*alpha* : A, α), le *E* (*epsilon* : E, ε), le *I* (*iota* : I, ι), le *O* (*omicron* : O, o) et le *U* (*upsilon* : Y, υ). Désormais, la langue sera plus accessible à tous. La démocratisation de l'écriture favorise une plus grande égalité !

3.31 L'abécédaire d'Ougarit.

La philosophie

L'importance de la philosophie

La philosophie domine la vie intellectuelle grecque, et particulièrement celle d'Athènes. Les philosophes s'interrogent sur les origines de l'existence, la vie en société, les sciences et la beauté. Ils ont laissé des textes qui influent encore aujourd'hui sur notre culture et notre pensée.

Les philosophes athéniens

Socrate passe son temps à discuter dans les rues et dans les gymnases. Il a beaucoup de disciples à qui il enseigne l'esprit critique. Il remet en question certains aspects de la démocratie. Son questionnement est considéré comme une contestation. Il est accusé de ne pas respecter la religion et de détourner la jeunesse athénienne des valeurs reconnues. Il est condamné à mort par l'Héliée.

Platon est un disciple de Socrate. C'est lui qui met par écrit les idées de son maître. Dans la *République*, un dialogue entre lui et Socrate, il essaie de définir la justice et s'interroge sur la façon d'éviter la corruption dans les affaires publiques. Il fonde à Athènes une école, l'Académie, où il forme des hommes d'État.

Aristote est un disciple de Platon. Il fonde le Lycée d'Athènes, une école où il enseigne le raisonnement fondé sur la raison, la logique, l'observation et l'expérimentation. Il est aussi un scientifique. Il classifie les espèces vivantes et met au point un système astronomique qui demeurera inchangé pendant plus de 1500 ans.

⌐ 3.32 **Socrate (470-399 avant notre ère).**   ⌐ 3.33 **Platon (428-347 avant notre ère).**   ⌐ 3.34 **Aristote (384-322 avant notre ère).**

Carrefour français

L'ORIGINE GRECQUE DES MOTS

Plusieurs des mots français que nous utilisons trouvent leurs racines dans la langue grecque. Par exemple, les Athéniens surnomment *barbaros* (étrangers) les métèques qui ne parlent pas le grec. De là vient le mot «barbare». Aujourd'hui, il signifie plutôt «brute», «grossier»…

Plusieurs mots trouvent leur origine dans la langue grecque :
- «Acropole» vient de *akropolis* (ville haute, citadelle) ;
- «aristocratie» vient de *aristos* (le meilleur) ;
- «démocratie» vient de *dêmokratia*, qui vient lui-même de *dêmos* (peuple) et de *kratos* (puissance, autorité) ;
- «politique» vient de *polis* (la cité).

La religion

Les divinités d'Athènes

La religion grecque est polythéiste : les gens croient en plusieurs dieux. Les Grecs adorent les dieux de l'Olympe, mais aussi les héros mi-dieux mi-humains comme Hercule et Thésée. Le temple lui-même est la demeure du dieu. Seuls les prêtres et prêtresses ont le droit d'y entrer.

De grandes fêtes religieuses ont lieu dans les cités, sur les places publiques et autour des temples. À Olympie, par exemple, on fait des fêtes tous les quatre ans en l'honneur de Zeus. Pendant longtemps, les activités religieuses sont le privilège de l'aristocratie. Mais dans la cité-État démocratique, tous les citoyens y participent.

3.35 Zeus.
Zeus est le dieu suprême. Il règne sur tous les dieux. Il est le dieu du ciel et de la pluie, et foudroie ceux qui lui déplaisent.

3.36 Déméter.
Déméter est la déesse de la fertilité.

3.37 Poséidon.
Poséidon est le dieu de la mer, adoré par les marins. Il est armé d'un trident (fourche à trois dents) avec lequel il peut faire trembler la terre et pulvériser toute chose. Seul Zeus est plus puissant que lui.

L 3.38 **La procession des grandes panathénées à Athènes.**

Chaque année, de nombreuses fêtes religieuses sont organisées à Athènes. Elles servent à honorer les dieux ou à calmer leur colère. Les petites panathénées sont célébrées en l'honneur d'Athéna au mois d'août de chaque année. Elles sont marquées par une grande procession jusqu'à la statue de la déesse et sont accompagnées de jeux sportifs. Les grandes panathénées, plus grandioses encore, sont célébrées tous les quatre ans.

L 3.39 **Apollon.**

Apollon est le dieu de la musique, de la guérison, de la lumière, de la vérité et des archers. Chaque jour, il attelle son chariot à quatre chevaux et transporte le Soleil à travers le ciel.

L 3.40 **Athéna.**

Déesse guerrière, Athéna est la protectrice d'Athènes, de l'artisanat et de l'agriculture. Elle est l'incarnation de la sagesse, de la raison et de la pureté. Sa statue, faisant près de 16 mètres, surplombe l'Acropole d'Athènes.

L 3.41 **Aphrodite.**

Aphrodite est la déesse de l'amour, du désir et de la beauté.

L'Acropole, lieu de culte

3.42 Les cariatides.

L'Érechthéion comprend trois portiques, dont celui des cariatides, qui représentent des statues féminines soutenant le chapiteau.

3.43 L'Érechthéion.

L'Érechthéion sert au culte de plusieurs divinités : Athéna Polias, l'un des surnoms donnés à la déesse protectrice d'Athènes, Poséidon, Héphaïstos et divers héros athéniens.

3.44 L'Acropole d'Athènes.

3.45 Les Propylées.

Les Propylées constituent l'entrée monumentale de l'Acropole. Elles sont en marbre blanc et donnent une vue directe sur la statue d'Athéna Promachos, un autre surnom donné à la déesse Athéna.

└ **3.47** **Le Parthénon.**

Le Parthénon est le bâtiment le plus élevé et le plus prestigieux de l'Acropole d'Athènes. Il est considéré comme le plus parfait exemple de temple grec. Chaque bloc qui entre dans sa construction est taillé sur mesure. Son extérieur est entièrement en marbre. Il est consacré à Athéna Parthénos (un autre nom d'Athéna qui signifie «la déesse vierge»).

└ **3.48** **La statue d'Athéna Promachos.**

Sur l'Acropole, on installe une immense statue d'Athéna. C'est la première chose qu'on voit en arrivant sur le site par les Propylées. Elle est si grande que les vaisseaux qui approchent la côte de l'Attique peuvent l'apercevoir. Elle est aujourd'hui disparue.

└ **3.46** **Le temple d'Athéna Niké.**

Ce gracieux petit temple est consacré à Athéna Niké, autre surnom d'Athéna la déesse de la victoire, qui apporte la victoire aux Athéniens.

Les jeux d'Olympie

Les Jeux olympiques

L'athlétisme est une valeur fondamentale chez les Grecs. Périodiquement, les cités-États envoient leurs champions s'affronter dans des compétitions sportives. Parmi ces nombreuses compétitions, les jeux qui se tiennent à Olympie sont les plus prestigieux. Ce sont les Jeux olympiques. Ces jeux se tiennent tous les quatre ans en l'honneur de Zeus et durent au moins cinq jours.

Pour participer aux jeux, il faut être un homme et être citoyen d'une cité-État grecque. Une seule exception : à Olympie, des jeux sont aussi organisés pour les femmes. La déesse Héra, mère des dieux, y est honorée. Les jeux valorisent le citoyen, l'homme ordinaire, qui se dépasse dans une compétition individuelle. Il y a 3 catégories d'âge chez les hommes : de 12 à 16 ans, de 16 à 20 ans, 20 ans et plus. L'athlète victorieux est vénéré et sa victoire rejaillit sur sa cité. Pour Athènes, le triomphe d'un de ses champions est un triomphe de la démocratie sur les autres régimes politiques. Les jeux sont si importants que les cités s'entendent pour ne pas se faire la guerre pendant qu'ils ont lieu.

En 520 avant notre ère, le programme des Jeux olympiques inclut la course de vitesse, la course de demi-fond, le saut, le lancer du disque, le lancer du javelot, la lutte à mains plates, le saut en longueur, le saut en hauteur, le pugilat (l'ancêtre de la boxe), le pancrace (une forme de lutte où tous les coups sont permis), la course de chars et la course en armure.

⌐ 3.49 **Les disciplines olympiques.**
La coupe (a) montre des lutteurs et la coupe (b) un homme se préparant à la course en armure, une séance de lutte à mains plates et un athlète étirant les lanières dont il va s'enrubanner les mains.

argus

LES ORIGINES DU MARATHON OLYMPIQUE

Lorsque les Athéniens remportent la victoire sur les Perses à Marathon en 490 avant notre ère, ils envoient aussitôt un soldat, Philippidès, annoncer la nouvelle à Athènes. Celui-ci franchit en courant les 40 kilomètres qui séparent Athènes de la plaine de Marathon, délivre son message et s'écroule, mort d'épuisement. Pour rendre hommage à son exploit, on inclut aux Jeux olympiques de 1896 une épreuve de course de 42 kilomètres : le marathon.

⌐3.50 **Le soldat de Marathon.**

Détail du tableau de Luc-Olivier Merson, peint en 1869, qui illustre la mort de Philippidès.

Les compétitions des panathénées

Les panathénées, qui célèbrent la fête d'Athéna, donnent l'occasion aux Athéniens de parfaire leur activités sportives en vue de rencontres avec d'autres cités-États. Ces compétitions réunissent les meilleurs athlètes et débutent cinq jours avant les fêtes. Les épreuves vont de la musique et de la poésie à l'athlétisme et aux épreuves hippiques en passant par la lutte, le pentathlon, un sport pratiqué par les athlètes grecs qui comprenait cinq exercices, et les courses. À l'origine, les épreuves sont conçues pour servir d'entraînement aux soldats. Les vainqueurs reçoivent des amphores remplies d'huile d'olive précieuse qu'ils peuvent revendre.

⌐3.51 **La récompense.**

Une amphore d'huile est offerte aux vainqueurs des compétitions. Un jeune garçon pouvait recevoir jusqu'à 50 amphores. On ignore la quantité que les adultes pouvaient recevoir.

Les arts, expression de la démocratie

L'épigraphe

À Athènes, les citoyens gravent des inscriptions sur les édifices publics. Il peut s'agir de leur nom, de la date et de la fonction de l'édifice, de l'acte d'affranchissement d'un esclave, de remerciements à un grand homme, d'un rappel de leur contribution personnelle à la collectivité… Ces épigraphes sont un symbole important de la démocratie qui valorise l'expression des opinions personnelles.

La sculpture, un acte démocratique

Les sculpteurs et les architectes athéniens créent des œuvres d'une grande beauté. Ils sont les premiers à atteindre un tel réalisme dans la représentation du corps humain. Dans une démocratie, le mérite individuel est valorisé. Les artistes signent leurs œuvres et leur talent est reconnu.

⌐3.52 **La Vénus de Milo.**
La statue de la Vénus de Milo a été découverte dans les ruines de Milos en 1820. Elle est l'un des chefs-d'œuvre de la sculpture grecque. Le sujet représente probablement Aphrodite.

La céramique athénienne

Les potiers athéniens réalisent des céramiques très raffinées. Ils utilisent une pâte fine et façonnent des contenants de toutes les formes. Avant la cuisson, les peintres décorent ces contenants de figures noires ou rouges. Ils y représentent des scènes diverses, de la vie quotidienne aux sports, en passant par la vie politique et la guerre. Chaque pièce de céramique porte le nom du potier et du peintre.

⌐3.53 **Des céramiques athéniennes.**

argus

3.54 Partie toujours existante d'une frise du Parthénon.

OÙ DEVRAIENT ÊTRE CONSERVÉES LES FRISES DU PARTHÉNON ?

Le Parthénon d'Athènes est orné de magnifiques frises en marbre réalisées au 5e siècle avant notre ère sous la direction de Phidias, le plus grand sculpteur de l'époque. En 1801, Lord Elgin, un ambassadeur britannique, profite de la situation politique et fait retirer la plus grande partie des frises du Parthénon de l'Acropole. Il les revend au gouvernement britannique. Les frises sont confiées au British Museum, à Londres, où elles se trouvent toujours.

Depuis 1983, le gouvernement grec demande au gouvernement britannique de lui restituer les frises. Sans succès. La Grande-Bretagne considère qu'elles lui appartiennent et que les frises ont été acquises légalement. Selon elle, si le gouvernement britannique ne s'en était pas emparé, quelqu'un d'autre l'aurait fait. Sans son expertise, elles n'auraient pas survécu à la pollution. Qui a raison ? Qui a tort ? À qui appartiennent les biens d'une société ?

L'Iliade et *L'Odyssée*, chefs-d'œuvre de la littérature grecque

L'Iliade et *L'Odyssée*, écrites par Homère au 9e siècle avant notre ère, sont les deux premiers chefs-d'œuvre de la littérature grecque. Ils racontent la guerre de Troie que les Mycéniens, les prédécesseurs des Grecs, mènent contre la ville lydienne de Troie.

Ces récits nous renseignent sur la civilisation ancienne de la Grèce. Cependant, l'histoire, la tradition et le mythe y sont étroitement mêlés. Pour arriver à séparer les faits réels des légendes, l'historien ou l'historienne doit comparer plusieurs sources et s'appuyer sur l'archéologie. Par exemple, on a cru que la ville de Troie n'était qu'une légende jusqu'à ce que l'archéologue Heinrich Schliemann en découvre les vestiges en 1870 en se basant sur le récit de *L'Iliade*. Dans ce cas précis, le récit disait vrai. Mais Ulysse, héros de *L'Iliade* et de *L'Odyssée*, a-t-il vraiment existé?

3.55 **Ulysse attaché au mât de son navire au cours d'une de ses nombreuses aventures.**

Le théâtre

Le théâtre est le principal lieu de distraction des Grecs. Les tragédies des grands auteurs de l'époque, Eschyle, Sophocle, Euripide et les comédies d'Aristophane, sont jouées dans des théâtres en plein air à l'acoustique remarquable. Deux ou trois hommes masqués interprètent tous les rôles, y compris les rôles féminins. Un chœur, composé uniquement d'hommes, donne la réplique aux comédiens, chante et danse.

Proskenion
La scène où jouent les comédiens.

Orkhêstra
L'endroit où le chœur chante, danse et offre la réplique aux comédiens.

Theatron
Les gradins sont taillés dans le flanc d'une montagne. C'est là que s'assoit le public.

⌐ 3.56 **Le théâtre d'Épidaure.**
Le théâtre d'Épidaure est construit au début des années 200 avant notre ère. Il peut contenir 12 000 spectateurs.

Reconstitution

ACTIVITÉ

ATHÉNA A DISPARU

Connaissez-vous la déesse Athéna ? C'est une déesse guerrière. Elle est représentée avec un casque et une lance. Elle est adorée par les Athéniens lors de la procession des grandes panathénées. C'est aussi la déesse de la raison et de l'intelligence. Cette grande protectrice d'Athènes trônait sur l'Acropole. En effet, au Parthénon, on pouvait voir une immense statue d'Athéna. Richement décorée, cette statue a été, pendant plusieurs années, une inspiration et un guide pour les Athéniens. Malheureusement, cette sculpture magnifique n'existe plus aujourd'hui. D'ailleurs, le temple dédié à la déesse est presque entièrement détruit.

Afin de faire revivre une partie de l'époque glorieuse d'Athènes, reconstruisez le Parthénon ou la statue d'Athéna. Avant de vous lancer dans ce projet, trouvez le plus d'information possible sur la reconstitution que vous souhaitez faire. Inspirez-vous de plusieurs images pour approfondir votre connaissance du sujet et laissez aller votre imagination.

4 La république de Sparte

Sparte, ennemie jurée d'Athènes, est une république. Qu'est-ce qu'une république ?
La République spartiate est forte et puissante. Est-ce en raison de sa discipline ?
Celle-ci est-elle contraire à la liberté ?

Le territoire de Sparte

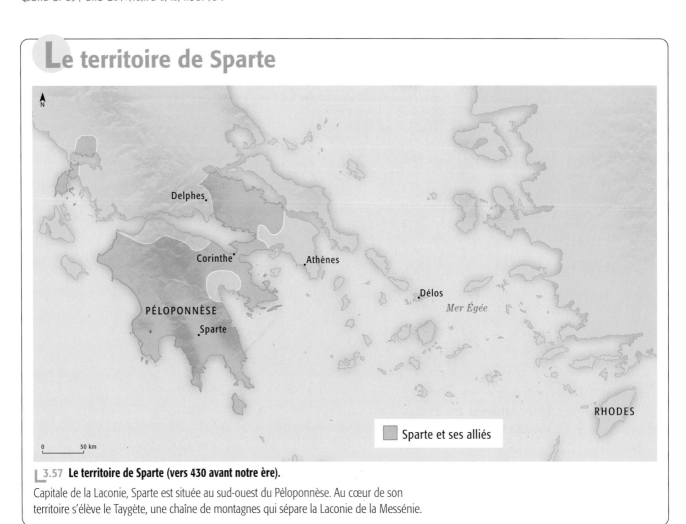

└ 3.57 **Le territoire de Sparte (vers 430 avant notre ère).**

Capitale de la Laconie, Sparte est située au sud-ouest du Péloponnèse. Au cœur de son territoire s'élève le Taygète, une chaîne de montagnes qui sépare la Laconie de la Messénie.

Les événements de la République spartiate

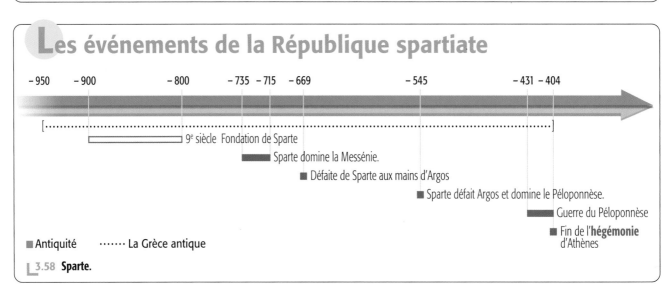

9ᵉ siècle Fondation de Sparte

Sparte domine la Messénie.

Défaite de Sparte aux mains d'Argos

Sparte défait Argos et domine le Péloponnèse.

Guerre du Péloponnèse

Fin de l'**hégémonie** d'Athènes

■ Antiquité   ⋯⋯ La Grèce antique

└ 3.58 **Sparte.**

La cité-État

La puissance de Sparte

La cité-État de Sparte est fondée au 9e siècle avant notre ère. Les anciens l'appellent *Lacédémone*. Au 6e siècle, elle domine tout le Péloponnèse qui est une presqu'île en plusieurs péninsules située entre la mer Égée et la mer Ionienne et rattachée à la Grèce par l'isthme de Corinthe. Elle oblige les villes de son territoire à lui verser la moitié de sa production agricole. Sparte est la rivale d'Athènes.

⌐ 3.59 Le Taygète vu de Sparte.

Dans l'Antiquité, le Taygète est réputé pour sa hauteur. Il domine la ville de Sparte. Son plus haut sommet est le Taléton. C'est l'endroit où les citoyens spartiates offrent des sacrifices au Soleil.

 La République spartiate est-elle démocratique ? Justifiez votre réponse.

L'*Histoire de la guerre du Péloponnèse* de Thucydide

Au 5e siècle avant notre ère, la guerre du Péloponnèse oppose Athènes et Sparte. Cette guerre se conclut par la victoire de Sparte et signifie la fin de la puissance athénienne. Même si Sparte domine pour un moment, après sa victoire, aucune des deux cités-États, affaiblies et épuisées, ne s'en remettra. La démocratie recule. L'historien Thucydide est témoin de la guerre. Il en fait un récit très exact dans son *Histoire de la guerre du Péloponnèse*.

Thucydide raconte la défaite athénienne devant Syracuse :

Pour les vainqueurs, le plus brillant des succès, pour les vaincus, la plus calamiteuse des défaites, car ils furent totalement et définitivement battus. Leurs souffrances furent immenses, leurs pertes, comme ils le dirent, totales. L'armée, la flotte, tout fut détruit, et bien peu revinrent.

THUCYDIDE, *Histoire de la guerre du Péloponnèse* vers –431.

Le régime politique de Sparte

La cité-État de Sparte est une république, c'est-à-dire que son pouvoir est partagé. La constitution autorise la présence de deux rois et d'un gouvernement élu. Ce dernier vote les lois et les fait appliquer. Sparte est surtout un état militaire. Son premier objectif est de former des guerriers. Elle possède les meilleurs soldats de Grèce. Les citoyens spartiates considèrent les Athéniens comme trop tolérants et permissifs. Ils se méfient d'eux, de leur démocratie et de leur ouverture d'esprit.

⌐ 3.60 Un soldat spartiate.

Le soldat spartiate commence son entraînement à l'âge de 7 ans et le poursuit jusqu'à l'âge de 30 ans. Jusqu'à ce qu'il atteigne l'âge de 40 ans, son unique devoir est d'être soldat.

Les institutions et le pouvoir

Les institutions de Sparte et le pouvoir

Gouvernement

Rois
2

Éphores
5

Gérousia
28

Apella
9000

3.61 Des institutions et un gouvernement restreint comme ceux institués par Lycurgue, législateur spartiate.

Rois ●

À Sparte, la monarchie est héréditaire. Le titre de roi est transmis de père en fils. Deux rois règnent ensemble. Ils sont issus de familles anciennes : les Agiades et les Eurypontides. Ils sont les chefs religieux de Sparte et commandent l'armée.

Éphores ●

Les éphores, cinq magistrats choisis parmi l'assemblée du peuple, sont élus pour un an. Leur mandat n'est pas renouvelable. Leur pouvoir est presque absolu et ils constituent le véritable gouvernement de la cité.

Gérousia ●

Un conseil est formé de 28 anciens éphores : les *gérontes*. Ils sont élus à vie.

Apella ●

L'assemblée du peuple, l'*Apella,* est composée de 9000 citoyens. Son pouvoir est limité. Si ses décisions ne plaisent pas aux rois et aux gérontes (*Gérousia*), ceux-ci peuvent dissoudre l'*Apella*.

La République des Lacédémoniens de Xénophon

L'historien athénien Xénophon est si opposé à la démocratie qu'il quitte Athènes et se réfugie à Sparte. Il sera d'ailleurs ostracisé par les Athéniens. Aux côtés des citoyens spartiates, il combat même ses compatriotes athéniens. Dans son ouvrage, *La République des Lacédémoniens,* il vante les mérites du régime militaire de Sparte.

Xénophon décrit dans ces lignes le lien entre le roi et le gouvernement dans la constitution de Sparte :

Le roi fait serment de régner en se conformant aux lois établies dans la cité, et la cité de maintenir la royauté inébranlée tant que le roi demeurera fidèle à son serment.

XÉNOPHON, *Constitution de Sparte*, vers −367.

DEUXIÈME PARTIE | D'AUTRES FORMES DE RÉGIMES POLITIQUES

L'éducation des garçons à Sparte

À Sparte, l'éducation fait partie des institutions les plus importantes. Elle commence à la naissance. Selon l'historien grec Plutarque, les nouveau-nés infirmes ou jugés trop faibles pour être utiles à l'État sont abandonnés sur le Taygète pour y mourir. L'éducation permet de former les citoyens. Vers l'âge de sept ans, les garçons ayant un père et une mère spartiates sont placés dans des campements militaires où ils apprennent la discipline et le métier de soldat. À 12 ans, ils entreprennent leur entraîne-ment militaire, qui se poursuit jusqu'à l'âge de 20 ans. Ils sont forcés à marcher pieds nus pour s'endurcir. L'éducation comprend des concours sportifs et des combats rituels très violents et parfois mortels. Une fois sa formation terminée, le nouveau soldat est intégré à l'armée. Jusqu'à l'âge de 40 ans, les soldats de Sparte continuent de vivre ensemble dans des casernes, même s'ils sont mariés. Ils ne voient leurs épouses que pour faire des enfants. Leurs fils deviendront à leur tour des soldats.

La femme spartiate

La fille spartiate est, elle aussi, soumise à une éducation orientée vers l'entraînement physique. Pour les filles, comme pour les garçons, le mariage est obligatoire afin de mettre au monde des enfants et de donner à la cité de nouveaux soldats. Comme les hommes sont absents du foyer, l'épouse joue un rôle central dans la famille. C'est elle qui transmet les valeurs de Sparte à ses enfants. La femme spartiate a des libertés que les femmes des autres cités n'ont pas ; elle peut posséder des terres et des biens, mais seul son mari a le droit de les gérer.

⌐ 3.62 Une femme spartiate.
Les femmes spartiates reçoivent un entraînement sportif très rigoureux. Elles doivent être en parfaite santé pour porter les fils de l'État.

La société spartiate

Les citoyens et les groupes sociaux à Sparte

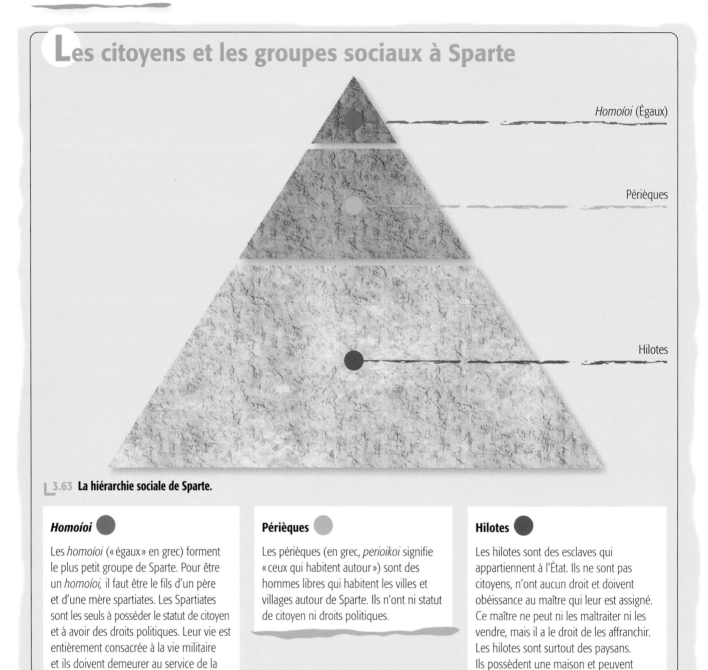

Homoíoi (Égaux)

Périèques

Hilotes

└ 3.63 **La hiérarchie sociale de Sparte.**

Homoíoi

Les *homoíoi* («égaux» en grec) forment le plus petit groupe de Sparte. Pour être un *homoíoi,* il faut être le fils d'un père et d'une mère spartiates. Les Spartiates sont les seuls à posséder le statut de citoyen et à avoir des droits politiques. Leur vie est entièrement consacrée à la vie militaire et ils doivent demeurer au service de la cité jusqu'à l'âge de 60 ans. Ils composent l'assemblée du peuple de Sparte.

Périèques

Les périèques (en grec, *perioikoi* signifie «ceux qui habitent autour») sont des hommes libres qui habitent les villes et villages autour de Sparte. Ils n'ont ni statut de citoyen ni droits politiques.

Hilotes

Les hilotes sont des esclaves qui appartiennent à l'État. Ils ne sont pas citoyens, n'ont aucun droit et doivent obéissance au maître qui leur est assigné. Ce maître ne peut ni les maltraiter ni les vendre, mais il a le droit de les affranchir. Les hilotes sont surtout des paysans. Ils possèdent une maison et peuvent disposer des surplus qu'ils produisent.

La domination de l'État spartiate

Les citoyens spartiates vivent des produits de la terre que leur prête l'État. Ils appartiennent à l'État leur vie durant. L'armée peut les appeler à tout moment. Pendant un certain temps, les Spartiates ont développé la musique, la danse et le chant choral, puis ces distractions ont disparu avec le durcissement du régime politique.

 Tous les habitants de Sparte sont-ils égaux ?

5 L'Empire perse, une monarchie

L'Empire perse est la troisième puissance en Méditerranée au 5e siècle. Les monarques de cette civilisation témoignent d'un goût prononcé pour le luxe. Comment s'organise la monarchie ? Une monarchie est-elle plus encline aux fastes de toutes sortes ?

L'Empire perse

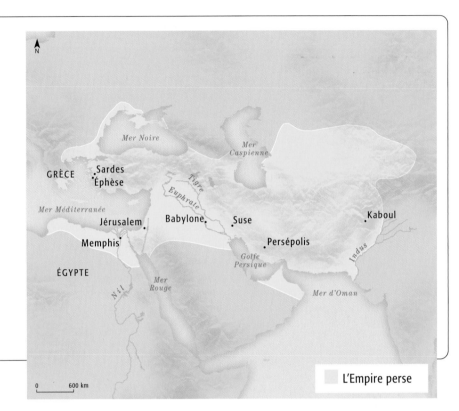

3.64 L'Empire perse.

Cyrus II, aussi appelé Cyrus le Grand, et Darios Ier bâtissent un des plus grands empires de l'Antiquité. En 486 avant notre ère, à la fin du règne de Darios, l'Empire perse regroupe 23 peuples différents.

Les événements politiques et militaires

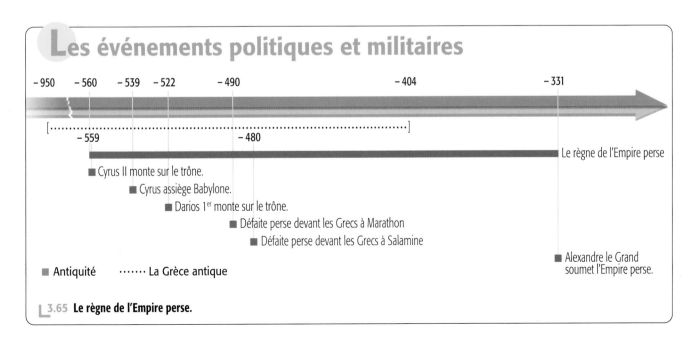

3.65 Le règne de l'Empire perse.

D'AUTRES FORMES DE RÉGIMES POLITIQUES

DEUXIÈME PARTIE

L'empire

Des cités-États grandioses

L'empereur perse Darios Ier installe sa capitale à Suse, au sud-ouest de l'Iran actuel, vers 520 avant notre ère. Il fait démolir tous les bâtiments qui s'y trouvent et fait construire un palais, une acropole, une ville royale et une ville d'artisans. Quelques années plus tard, Darios ordonne la construction d'une nouvelle capitale encore plus magnifique dont le palais est admiré de tous : Persépolis (*Parsa*).

⌊ 3.66 **Les vestiges du palais de Suse.**

Le premier palais de Darios est construit sur une terrasse. À l'est, on accède à cette terrasse par une porte monumentale encadrée de deux statues, dont l'une représente Darios. Le palais contient une salle d'audience supportée par 36 colonnes et haute de 21 mètres. L'intérieur est richement décoré de fresques.

⌊ 3.67 **Le palais de Persépolis.**

La porte des nations est le seul accès au palais de Persépolis. La salle du trône est utilisée par le roi Xerxès pour des réceptions. L'*Apadana* est la salle de réception de Darios. Le palais de Darios, la salle du Conseil et le harem n'apparaissent pas sur cette illustration. Le trésor royal sert d'armurerie et d'entrepôt pour les richesses royales.

La monarchie

3.68
Le mausolée de Naqch-é Rustam.

Le mausolée de Naqch-é Rustam, à quelques kilomètres de Persépolis, est le tombeau de Darios et de ses successeurs. Il a été creusé à même le roc. Sa façade est ornée de bas-reliefs sculptés dans le roc. Jusque dans la mort, les rois perses affirment leur grandeur.

L'Empire perse est une monarchie héréditaire. Le titre de roi est transmis de père en fils. L'empire est gouverné par la dynastie des Achéménides. Le souverain est à la tête de l'État et décide de son fonctionnement. Le pouvoir est centralisé et s'appuie sur des fonctionnaires qui voient à l'administration de l'État.

Darios Ier

Roi de Perse, Darios Ier étend son empire en Asie jusqu'à la vallée de l'Indus, et en Europe jusqu'en Thrace. Il tente de conquérir la Grèce, mais il est repoussé par les Athéniens à Marathon en 490 avant notre ère. Darios met sur pied une administration efficace. Il développe un système routier qui facilite le mouvement des troupes, la livraison du courrier et la transmission de nouvelles. Il élabore aussi un système judiciaire.

3.69 **Darios Ier recevant l'hommage d'un fonctionnaire.**

Témoins de l'histoire

ALEXANDRE LE GRAND

Alexandre monte sur le trône de la Macédoine en 336 avant notre ère et poursuit l'expansion entreprise par son père, Philippe II. À 19 ans, il est un brillant stratège militaire et se montre très ambitieux. Il conquiert une grande partie de l'Empire perse, puis l'Égypte et la vallée de l'Indus. Au fil de ses conquêtes, Alexandre crée 70 nouvelles villes, dont au moins 25 se nomment *Alexandrie*. En 12 ans, il change la face du monde et répand l'hellénisme. Il meurt d'une fièvre en 323 avant notre ère. À sa mort, son royaume est divisé. Ses trois principaux généraux reçoivent respectivement l'Égypte, la Macédoine et l'ancien Empire perse. Aucun de ces empires ne durera plus de 150 ans.

3.70 **Cette fresque d'Alexandre le Grand se trouve au Musée archéologique de Naples.**

Le régime politique et les institutions

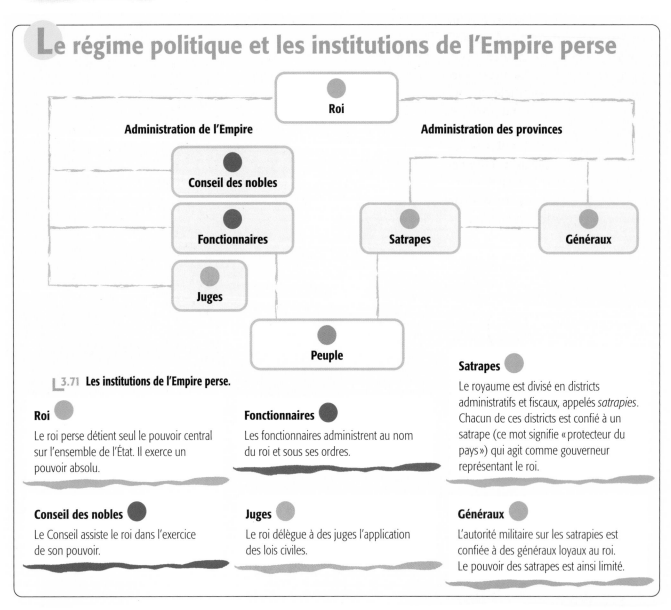

Le régime politique et les institutions de l'Empire perse

Roi

Administration de l'Empire

Conseil des nobles

Fonctionnaires

Juges

Administration des provinces

Satrapes

Généraux

Peuple

⌐ 3.71 **Les institutions de l'Empire perse.**

Roi

Le roi perse détient seul le pouvoir central sur l'ensemble de l'État. Il exerce un pouvoir absolu.

Conseil des nobles

Le Conseil assiste le roi dans l'exercice de son pouvoir.

Fonctionnaires

Les fonctionnaires administrent au nom du roi et sous ses ordres.

Juges

Le roi délègue à des juges l'application des lois civiles.

Satrapes

Le royaume est divisé en districts administratifs et fiscaux, appelés *satrapies*. Chacun de ces districts est confié à un satrape (ce mot signifie « protecteur du pays ») qui agit comme gouverneur représentant le roi.

Généraux

L'autorité militaire sur les satrapies est confiée à des généraux loyaux au roi. Le pouvoir des satrapes est ainsi limité.

Carrefour art

Selon vous, qu'est-ce qui, dans notre société, représente la puissance et le prestige ? Justifiez votre réponse.

L'art perse est reconnu pour son caractère somptueux. Les artistes perses possèdent une habileté admirable pour façonner les matériaux, et un grand souci des détails. Chaque œuvre semble également avoir une signification particulière. Le char tiré par quatre chevaux de l'illustration ci-contre en est un brillant exemple. Il a été trouvé avec le « trésor d'Amou-Daria », nommé ainsi parce qu'il a été découvert près du fleuve d'Amou-Daria. Plusieurs représentations similaires nous sont parvenues, ce qui renforce l'hypothèse selon laquelle le cheval est associé à la puissance et au prestige. Le roi et ses sujets accordent une grande importance à cet animal.

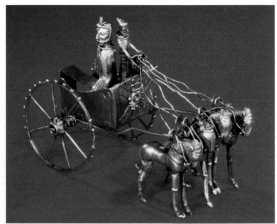

⌐ 3.72 **Une œuvre d'art perse, entièrement réalisée en or, datant d'environ 500 ans avant notre ère.**

L'éducation chez les Perses

L'éducation est importante pour les Perses. Elle est nécessaire pour accéder aux hautes fonctions de l'empire. La Perse dispose d'un système officiel d'éducation géré par l'État. En principe, tous les garçons y ont accès. Mais dans la réalité, seuls les plus riches peuvent se permettre d'envoyer leurs fils à l'école. Les paysans doivent les garder à la maison pour qu'ils puissent travailler.

Les garçons qui vont à l'école sont formés à devenir de bons soldats et des citoyens loyaux au roi. Ils commencent leur éducation à 5 ans et la terminent à 20 ou 24 ans. Sous l'autorité d'un maître, ils apprennent à développer leur endurance physique et à s'initier à l'art militaire : la course, l'arc, le javelot et la cavalerie. On leur enseigne aussi le droit et les traditions perses.

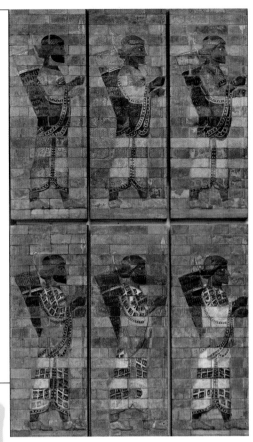

3.73 **À la fin de son éducation, le jeune Perse était passé maître dans l'art de la cavalerie et au tir à l'arc.**

La femme perse

Le statut de la femme dans la société perse est mal connu. On sait que les filles n'ont pas accès à l'éducation comme les garçons. On sait aussi que le rôle premier de l'épouse est d'assurer à son mari une descendance légitime. La femme est responsable de gérer la maison et de transmettre les valeurs perses aux jeunes enfants. Dans l'aristocratie perse, la polygamie étant permise, plusieurs femmes pouvaient être unies au même homme.

 Dans l'Empire perse, le peuple participe-t-il à la vie politique ?

De l'ordre dans mes idées

ALEXANDRE LE GRAND

Vous venez de rencontrer un grand héros de l'histoire du monde, Alexandre le Grand. Cet homme va inspirer plusieurs autres personnages après lui. Apprenez à mieux le connaître. Préparez une courte biographie de cet homme remarquable. Choisissez la forme de présentation qui vous convient le mieux : l'affiche, la présentation multimédia, la page Web, le travail écrit, la personnification (entrer dans la peau d'un personnage, s'habiller comme lui, parler comme lui), etc.

 Alexandre le Grand est un conquérant qui a marqué l'histoire humaine. Pouvez-vous décrire, dans vos mots, ce qu'est un conquérant ? Pouvez-vous donner un exemple contemporain ?

Aujourd'hui, en Occident, la démocratie semble acquise. Pourtant, l'histoire enseigne qu'elle a souvent été malmenée. Le pouvoir a parfois été ravi au peuple par certains individus. Comment les citoyens peuvent-ils rester vigilants?

La démocratie

D'hier à aujourd'hui

Le mot *démocratie* signifie «pouvoir du peuple». La démocratie est un régime politique dans lequel le peuple exerce le pouvoir.

Depuis l'époque de Périclès, le visage de la démocratie a beaucoup changé. Aujourd'hui, dans un régime politique démocratique, la citoyenneté est accessible à la très grande majorité de la population même si certaines règles diffèrent d'un pays à l'autre. Parmi les droits et les devoirs des citoyens, le plus fondamental est celui de voter pour exprimer librement une opinion politique. Les citoyens doivent participer aux institutions publiques et contribuer au bien commun pour protéger leurs droits. La citoyenneté n'est donc pas seulement un statut, c'est une responsabilité!

Pour assurer la démocratie à Athènes, Périclès s'est inspiré des idées des philosophes de son temps. C'est la même chose aujourd'hui: les philosophes examinent et critiquent notre façon de vivre la démocratie. Ils restent éveillés aux dangers et obligent le peuple à l'être en soulevant des débats.

⌊ **3.74** **Des citoyens exerçant leur droit de vote à Athènes.**

Pour voter, les citoyens athéniens levaient la main ou déposaient un jeton dans un contenant, selon le cas.

L'esprit critique des philosophes les amène à s'interroger constamment sur le sens de choses qui nous paraissent évidentes. Remettre en question la démocratie, c'est chercher à parfaire les parties qui demeurent imparfaites.

⌊ **3.75** **Jean Charest, candidat aux élections du Québec, exerçant son droit de vote en 2003.**

Quand les citoyens d'aujourd'hui vont voter, ils déposent un bulletin de vote dans une boîte de scrutin. Tous les citoyens sont égaux et ont droit à un vote.

Les formes de la démocratie

Un régime politique démocratique peut avoir différentes formes. Selon les pays, un président, un premier ministre ou même un roi peuvent être à la tête d'un État démocratique. Mais dans tous les États démocratiques, il y a une assemblée des représentants élus par les citoyens qui exerce le pouvoir législatif (qui se rapporte à la loi).

Il existe diverses manières de pratiquer la démocratie :

- dans une **démocratie représentative**, donc indirecte, les citoyens élisent des représentants qui prennent les décisions en leur nom. Les citoyens ne votent pas personnellement les lois et ne règlent pas les litiges. Ils exercent leur pouvoir au cours des élections en réélisant les représentants dont ils approuvent les décisions ou en en choisissant d'autres ;

- dans une **démocratie directe**, les citoyens votent eux-mêmes toutes les lois et participent en «temps réel» à la vie politique. Rassemblés dans un espace public, ils prennent ensemble les décisions et administrent directement l'État ou la cité. Le vote de chaque citoyenne et de chaque citoyen a donc beaucoup de poids. C'est ce type de démocratie qu'il y avait à Athènes.

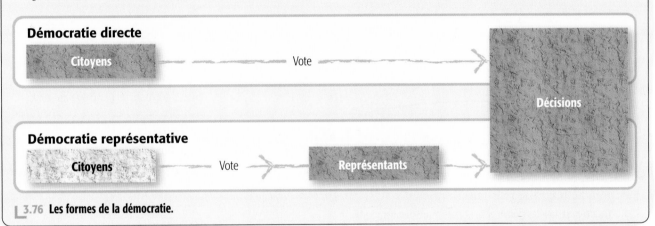

Démocratie directe

Citoyens — Vote → **Décisions**

Démocratie représentative

Citoyens → Vote → **Représentants** →

3.76 **Les formes de la démocratie.**

Le pouvoir en démocratie

Dans une démocratie, les dirigeants détiennent un pouvoir que les citoyens leur délèguent en les élisant. Ce n'est toutefois pas le seul pouvoir que la démocratie permet. Il arrive souvent que des groupes de citoyens fassent valoir une cause particulière auprès du gouvernement. Par exemple :

- des organismes communautaires qui réclament des mesures pour contrer la pauvreté ;
- une association de malades qui réclame un meilleur financement du système de santé ;

- des associations étudiantes qui protestent contre la réduction des bourses gouvernementales consacrées aux études collégiales et universitaires ;
- des fabricants d'armes qui cherchent à faire augmenter le budget consacré à la défense nationale ;
- des industries qui veulent faire assouplir les lois qui protègent l'environnement.

Pouvez-vous imaginer une manière d'utiliser Internet qui permettrait de pratiquer la démocratie directe au Québec et au Canada ?

Dans une démocratie, personne ne détient tous les pouvoirs

Pour empêcher que tous les pouvoirs soient entre les mains d'une seule personne ou d'un seul groupe de personnes, un régime démocratique repose sur ce que l'on appelle la *séparation des pouvoirs*. En s'assurant que ceux qui décident des règles ne sont pas ceux qui les appliquent, on évite les abus de pouvoir. Il s'agit d'une caractéristique fondamentale de la démocratie.

Régime démocratique

Pouvoir législatif (décide des règles)	Pouvoir exécutif (exécute les règles)	Pouvoir judiciaire (règle les litiges)
Exercé par l'assemblée représentative	Exercé par le gouvernement et son chef	Exercé par les cours de justice et les juges
À Athènes • *Ecclésia* • *Boulê* (désignée par tirage au sort)	**À Athènes** • Archontes (désignés par tirage au sort) • Stratèges (élus par vote)	**À Athènes** • Aréopage (désigné par tirage au sort) • Héliée (désigné par tirage au sort)
Au Canada • La Chambre des communes (élue) • Le Sénat (nommé)	**Au Canada** • Premier ministre (élu) • Cabinet des ministres (élu)	**Au Canada** • La Cour suprême du Canada • La Cour fédérale du Canada • Les Cours supérieures des provinces

3.77 **La séparation des pouvoirs dans un régime démocratique.**

Le pouvoir de la contestation

Pour faire valoir leurs droits ou pour les préserver, certains citoyens, dans une démocratie, s'impliquent de différentes façons. Certains contestent ou manifestent leur désaccord par des marches symboliques dans le but d'alerter l'opinion publique. D'autres, comme les philosophes, expriment leur opposition par des écrits et des pétitions où ils dénoncent des injustices.

Malgré la répression et les actions violentes de quelques groupes radicaux, des dizaines de milliers de personnes ont manifesté vendredi et samedi à Québec pour dénoncer les projets du Sommet des Amériques en faveur des multinationales et des marchés financiers.

RINGS Galadrielle, « Amériques. Le Sommet de Québec assiégé par les manifestants : La marche des peuples contre le néolibéralisme », *Journal L'humanité*, 23 avril 2001.

Les citoyens aujourd'hui

Les citoyens et l'éducation

Pour que la démocratie soit efficace, les citoyens doivent comprendre son fonctionnement et ses institutions. Ils peuvent alors décider s'ils appuient ou non une décision, critiquer ou exiger des changements, réélire ceux qui décident ou les remplacer. Pour assurer cette compréhension, il est important qu'un pays démocratique rende l'éducation accessible à tous. Au Canada, l'éducation primaire et secondaire est obligatoire et gratuite. De plus, on y fait une grande place à l'éducation à la citoyenneté.

3.78 **L'apprentissage de la citoyenneté se fait à l'école.**

Platon avait déjà compris que « démocratie » concorde avec « connaissance » et donc avec « éducation ».

Dans le Protagoras, *où l'on s'interroge, entre autres, sur l'art de gouverner, Platon fait dire tour à tour aux deux principaux protagonistes de son dialogue que cet art s'enseigne, qu'il est intransmissible, qu'il faut, en vue de la survie même de la cité, que tous ceux qui participent aux délibérations publiques puissent apprendre à l'exercer ; qu'on ne sait pas au juste en quoi il consiste, bien qu'il s'agisse là de la plus nécessaire des sciences qui soient. De cette avalanche de contradictions, il ressort, à tout le moins, que l'exercice éclairé du métier de citoyen est rigoureusement impossible sans une certaine connaissance.*

Thierry Hentsch, « La citoyenneté : exercice impossible, idée nécessaire », dans Y. Boisvert, J. Hamel, M. Molgat (dir.), *Vivre la citoyenneté : Identité, appartenance et participation*, Montréal, Liber, « Éthique publique, hors série », 2000, p. 27.

Une citoyenne engagée

Ma sœur et moi, on aimait ça regarder des films violents [...] Après la mort de Marie-Ève, j'ai réalisé que tous ces films [...] avaient sûrement un lien avec le meurtre de ma sœur. J'étais si triste quand elle est décédée qu'il fallait que je fasse quelque chose.

Virginie Larivière
©2005 Réseau Éducation-Médias

Après le meurtre de sa sœur, Virginie Larivière, une jeune citoyenne de 13 ans, a décidé d'agir pour changer les choses. Elle a lancé une pétition contre la violence à la télévision. Les médias se sont beaucoup intéressés à elle. En 1992, lorsque Virginie a remis sa pétition au premier ministre du Canada, Brian Mulroney, elle avait plus de 1,5 million de signatures ! Grâce, entre autres, aux efforts de Virginie, les nouveaux téléviseurs sont aujourd'hui munis d'une puce anti-violence qui permet aux parents de bloquer les émissions qu'ils jugent inacceptables.

Virginie lance un message aux jeunes qui, comme elle, voudraient s'impliquer : « Agissez selon ce que vous croyez vraiment et suivez toujours vos convictions, qu'importe la cause que vous défendez. »

RÉALITÉS D'AUJOURD'HUI

TROISIÈME PARTIE

Les citoyens canadiens

Au Canada, pour être citoyenne ou citoyen, il suffit d'être né de parents canadiens ou à l'intérieur des frontières. Ceux qui ne sont pas citoyens peuvent le devenir s'ils remplissent les conditions suivantes :

- avoir 18 ans ou plus ;
- être une résidente permanente ou un résident permanent du Canada ;
- avoir vécu au Canada pendant au moins trois des quatre années précédant la demande ;
- être en mesure de communiquer en français ou en anglais ;
- avoir des connaissances sur le Canada ;
- connaître les droits et les devoirs liés à la citoyenneté canadienne.

Droits et devoirs des citoyens

Droits	Devoirs
• Garanties juridiques • Droits à l'égalité • Liberté de circulation et d'établissement • Droits des peuples autochtones • Liberté de pensée • Liberté d'expression • Liberté de religion • Liberté de réunion pacifique • Droit de demander un passeport • Droit de se porter candidate ou candidat à une élection • Droit de voter aux élections	• Respecter les lois du Canada • Exprimer son opinion librement tout en respectant les droits et libertés des autres • Venir en aide aux autres membres de la communauté • Respecter et protéger le patrimoine et l'environnement • Éliminer la discrimination et l'injustice • Voter aux élections

 Parmi les responsabilités des citoyens canadiens, laquelle vous paraît la plus difficile à assumer ? Justifiez votre réponse.

LE DÉVELOPPEMENT DURABLE

En 2005, le gouvernement du Québec présente un nouveau projet de loi qui modifie la Charte des droits et libertés de la personne. Cette loi ajoute le «droit de vivre dans un environnement sain et respectueux de la biodiversité [...]». Le Québec adopte ainsi le mouvement mondial de développement durable qui vise à tenir compte des répercussions de l'action des humains sur l'environnement. L'être humain doit réduire sa pollution et gérer plus efficacement les ressources naturelles comme l'eau et les forêts. Par exemple, il faut diminuer l'exploitation des forêts et prévoir le reboisement. Le développement durable devient une responsabilité que tous les citoyens partagent et qui profitera aux générations futures.

«Nous n'héritons pas de la Terre, nous l'empruntons à nos enfants»[1].

---

1. Ceci est un proverbe haida. Les Haidas sont des Amérindiens de la côte ouest du Canada.

D'autres formes de régimes politiques

Des pays non démocratiques

Comme à l'époque d'Athènes, au 5e siècle avant notre ère, il existe encore aujourd'hui différentes façons de gouverner. Tous les pays du monde ne sont pas démocratiques (par exemple, l'Irak, même si les citoyens peuvent voter). On trouve, dans le monde, divers régimes politiques, par exemple des gouvernements où le pouvoir est exercé par un groupe religieux, par l'armée ou par un roi (monarchie).

À Cuba, la démocratie n'existe pas. Depuis la révolution qu'il a menée en 1959, Fidel Castro exerce seul le pouvoir : il est président du Conseil d'État et du Conseil des ministres, premier secrétaire du Parti communiste cubain et commandant en chef des forces armées. L'Assemblée nationale populaire de 589 membres est élue au suffrage universel direct (chaque citoyen vote directement pour un candidat), mais le Parti communiste est le seul parti qui existe.

Dans ce pays, le droit de manifester est inexistant. Les citoyens qui contestent sont vite réduits au silence et souvent par la force.

⌊ 3.79 **Fidel Castro.**

Démocratie et autre type de gouvernance dans le monde en 2005

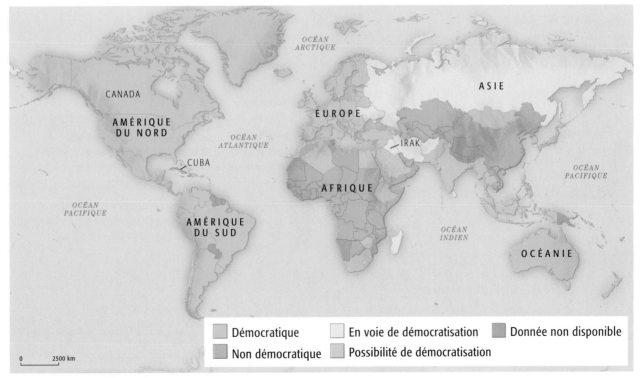

⌊ 3.80 **Les pays non démocratiques.**

Au début du 21e siècle, environ la moitié des pays du monde est démocratique et l'autre moitié est non démocratique.

Sources : *L'état du monde 2005,* Montréal, Boréal, 2004, 672 p.

L'atlas géopolitique et culturel du petit Robert des noms propres, Paris, Dictionnaires Le Robert, 2002, p. 8-9.

Un poète conteste

MAUVAIS RÊVES

Je suis un fauteur de tachycardie[1].

Quelqu'un qui ne veut pas partir,
Quelqu'un qui ne veut pas rester.

Quelqu'un que l'on reçoit avec joie le premier soir
Avec réticence le deuxième
Et que l'on expulse le troisième.

Je suis un personnage triste qui pleure sur le papier
Ou sur une épaule de passage.

Je suis un désastre comme mon passé
Un mauvais rêve comme mon avenir
Et une catastrophe comme mon présent.

Tel que vous me voyez, je suis un poète
Qui cristallise en lui la débâcle de son époque
De son pays et de sa vie.

Alors pardonnez-moi si mes rêves sont pleins de traques policières
Et d'amis empoisonnés.

Pardonnez les cauchemars où je fuis
En volant avec la légèreté d'une centrale sucrière[2]
Déguisé en épouvantail à moineaux et en enfant
En spadassin[3] et en cathédrale.

Admirez que pour assumer le monde où je vis
J'empoigne seulement cette plume.

(Poète et opposant au régime de Fidel Castro,
emprisonné pour ses opinions politiques)

Raúl RIVERO, « Mauvais rêves », dans *Anthologie de la poésie cubaine
censurée*, Paris, Gallimard, 2002, p. 111, collection interdite
(avec l'autorisation de Raúl Rivero).

**⌐ 3.81 Raúl Rivero, emprisonné
pour ses opinions politiques.**

Raúl Rivero est un journaliste et un poète
cubain. Il est arrêté le 20 mars 2003 avec
80 autres dissidents pour avoir signé une lettre
ouverte au gouvernement cubain qui demande
plus de liberté. Accusé d'avoir « conspiré
contre l'indépendance ou l'intégrité territoriale
de l'État », il est condamné à 20 ans de prison.
Il est libéré après 21 mois d'incarcération.

---

1. tachycardie : accélération des battements
   du cœur.
2. centrale sucrière : raffinerie de sucre.
3. spadassin : amateur de duels.

**Croyez-vous que la poésie peut être une arme contre
le pouvoir ? Connaissez-vous des poèmes ou des chansons
qui critiquent la société dans laquelle vous vivez ?**

Transfert

LE MEILLEUR DES MONDES

Vous voilà avec des connaissances qui vous
permettent de jeter un regard critique sur la société.
La démocratie, la république, l'oligarchie, la royauté,
tous ces systèmes, comme vous le savez maintenant,
servent à organiser la vie des peuples sur un
territoire donné. Si demain vous étiez à la tête d'un
territoire et de sa population, quel système mettriez-
vous en place ? Quel rôle choisiriez-vous ? Décrivez
vos idées. Établissez les règles à respecter pour
obtenir la citoyenneté, et quelles sont les principales
lois de ce pays. Justifiez vos choix en expliquant quel
système vous avez mis en place ou ce que vous avez
pris dans chaque système.

À VOS ordinateurs

LE TOUR DU MONDE DE LA DÉMOCRATIE

Comme nous l'avons vu, vous vivez dans une démocratie. Bientôt, vous obtiendrez le droit de voter et vous pourrez utiliser ce droit pour choisir les candidats qui vous représenteront le mieux. Mais qu'en est-il du reste du monde ? Au 21ᵉ siècle, les pays sont-ils tous démocratiques ?

L'activité suivante vous permettra de répondre à ces questions. Il s'agit de choisir 20 pays répartis sur au moins 4 continents. Vous devez ensuite déterminer si ces pays ont un régime politique démocratique ou non. Votre enseignante ou votre enseignant vous fournira quelques sites Internet utiles pour démarrer votre recherche.

méthO

FICHES BIBLIOGRAPHIQUES

Mener une recherche peut se faire efficacement si vous avez un peu d'organisation. La fiche bibliographique est un outil indispensable pour les recherchistes, car elle leur permet de conserver un inventaire des documents consultés, l'endroit où le document a été trouvé et des notes ou des commentaires sur l'ouvrage en question.

Exemple de fiche bibliographique

Auteure/auteur/auteurs

Référence bibliographique des ouvrages consultés

Notes ou commentaires

Cote de la bibliothèque

> FINLEY, Moses
> BAILEY, Cyril
>
> L'héritage de la Grèce et de Rome, Aylesbury,
> Les Éditions Robert Laffont, 1992, 905 p.
>
> Notes ou commentaires :
> - Influence de Périclès, page 516
> - Chronologie complète, page 845
>
> 938 FIN (bibliothèque municipale)

Exemple de fiche bibliographique pour un site Internet

Nom du site ou nom du ou des auteurs

Titre, adresse Internet et date de consultation du site

Notes ou commentaires

> Insecula, L'encyclopédie des arts et de l'architecture
>
> Grèce préclassique,
> http://www...
>
> Notes ou commentaires :
> - Illustrations d'articles de la Grèce antique

Voilà ! Vous pouvez maintenant remplir vos propres fiches !

En toute citoyenneté

LE DROIT DE VOTE DES JEUNES

Vous avez vu que le droit de vote est la base de la démocratie. C'est en l'exerçant que vous pouvez avoir une influence sur le choix de vos représentants. Depuis 1970, l'âge requis pour voter au Canada est de 18 ans. Les plus jeunes devraient-ils avoir le droit de voter? Plusieurs pensent que oui. Des groupes de citoyens d'ici et de plusieurs pays s'organisent afin de permettre aux personnes de voter plus tôt.

DROIT DE VOTE AU CANADA ET AU QUÉBEC

1900 Plusieurs minorités ethniques n'ont pas le droit de vote.

1918 Les femmes obtiennent le droit de vote (Canada).

1920 L'âge requis pour voter est 21 ans.

1940 Les femmes obtiennent le droit de vote (Québec).

1960 La discrimination raciale et religieuse est abandonnée (la Déclaration canadienne des droits reçoit la sanction royale).

1970 L'âge requis pour voter est abaissé à 18 ans (Canada).

2002 Les détenus obtiennent le droit de vote.

2004 Dépôt d'un projet de loi abaissant l'âge requis pour voter à 16 ans (Canada)

À QUEL ÂGE LES GENS VOTENT-ILS AILLEURS ?

20 ans   Japon

18 ans   Dans la très grande majorité des pays

16 ans   Allemagne (certaines élections locales)
Autriche (certaines élections locales)
Chypre, Cuba, Nicaragua

15 ans   Iran

pour

- Les jeunes qui travaillent paient des impôts comme les autres citoyens.
- À 16 ans, on peut conduire une voiture, quitter l'école ou subir un procès au même titre qu'un adulte.
- À 16 ans, on peut joindre la réserve des Forces canadiennes et, à 17 ans, les Forces canadiennes.
- Il y a toujours eu de l'opposition à accorder le droit de vote aux jeunes.
- Cela favorise la participation des jeunes à la vie politique.

contre

- Les jeunes manquent de maturité et d'expérience.
- Les jeunes ne sont pas suffisamment informés et ne peuvent donc pas prendre de décisions éclairées.
- Accorder le droit de vote ouvre la porte à d'autres revendications.
- Même sans avoir le droit de vote, les jeunes peuvent quand même exprimer leurs idées, militer et s'impliquer dans la vie politique.
- Il est inconcevable qu'une personne qui n'est pas majeure puisse avoir les droits qui sont rattachés à l'âge de la majorité.

En tant que citoyen ou citoyenne quelle est votre position par rapport à cette réalité? Justifiez votre réponse.

Pour en savoir plus...

DES LIVRES ET DES PÉRIODIQUES

BRISOU-PELLEN, Evelyne.
Les enfants d'Athéna (roman),
Paris, Hachette Jeunesse, 2002.

CHISHOLM, Jane, Lisa MILES et Struan REID.
Encyclopédie Usborne de la Grèce antique,
Londres, Usborne, 2001.

LHOMMEDET, Laurence et
Claude MERLE.
*Le monde grec : des Mycéniens à
Alexandre le Grand,*
Paris, Autrement, collection «Autrement
junior. Histoire», 2001.

MERLE, Claude et coll.
Athéna. Complot contre Athènes (roman),
Paris, Bayard, collection «Les aventuriers
de l'histoire», 2000.

MEULEAU, Maurice.
Les Grecs,
Paris, Hachette Éducation, collection
«En savoir plus», 1996.

PONTHUS, René.
Atlas de la Grèce antique,
Bruxelles, Casterman, 2003.

DES FILMS ET DES VIDÉOS

*Athènes, la naissance de la démocratie :
l'émergence des «polis»* (documentaire),
VHS, Canada, 1996.

Ce documentaire démontre l'influence
de la Grèce antique dans le monde
moderne.

... ET ENCORE PLUS

DUFRESNE, Jacques.
*La démocratie athénienne : Miroir
de la nôtre,*
Ayer's Cliff, L'Agora recherches
et communications, collection
«La Bibliothèque de l'Agora», 1994.

LÉVÊQUE, Pierre.
*La naissance de la Grèce : des rois
aux cités,*
Paris, Gallimard, collection «Découvertes»,
1990.

STAFFORD, Emma J.
Les Grecs,
Paris, Gründ, collection «Peuples
et cultures», 2004.

En mots et en images

Agora
À Athènes, place publique. Aujourd'hui, large espace piétonnier
habituellement couvert.

Airain
Bronze (alliage fait de cuivre et d'étain).

Aristocrate
Petit groupe de personnes qui détiennent un pouvoir
(généralement héréditaire, c'est-à-dire de père en fils) et qui
constituent la classe supérieure d'une société.

Cimier
Ornement qui forme
la partie supérieure,
la cime d'un casque.

Constitution
Texte officiel qui détermine la forme de gouvernement d'un pays.

Égalitaire
Qui vise à rendre les êtres humains égaux devant la loi
et à leur donner les mêmes droits.

Hégémonie
Domination d'une nation sur les autres.

Impérialisme
Politique d'un État qui réduit d'autres États sous sa dépendance
politique, économique et militaire.

Institution
Organisation politique, économique, sociale d'un État,
créée par les êtres humains.

Magistrat
Personne qui remplit une fonction publique dans
une administration.

Mandat
Pouvoir délégué à une personne dans une fonction.

Mausolée
Monument funéraire de grandes dimensions à l'architecture
somptueuse.

République
Habituellement, forme de gouvernement où le pouvoir est
partagé et non héréditaire.

Index des concepts

Crédits photographiques

Note: Les crédits sont donnés par leur numéro de document, sauf exception où on trouvera le numéro de la page.

Couverture

a Archivo Iconografico, S.A./Corbis *b* (détail) Araldo de Luca/Corbis *c* et *d* Dorling Kindersley *e* (détail) Angelo Hornak/Corbis

p. IV

a Archivo Iconografico, S.A./Corbis *b* Araldo de Luca/Corbis *c* Dorling Kindersley

Dossier 1

1.2 CP Images **1.4** Yann Arthus-Bertrand/Corbis **p. 10** (crâne australopithèque) Pascal Goetgheluck/SPL/Publiphoto **p. 11** (Lucy) Natural History Museum **1.12** *b* David Keith Jones Imagesofafrica.co.uk **p. 12** Dorling Kindersley **p. 14** Dorling Kindersley **1.18** Dorling Kindersley **1.22** Dorling Kindersley **p. 18** Pascal Goetgheluck/SPL/Publiphoto **1.25** Musée de La Chapelle-aux-Saints **p. 20** Pascal Goetgheluck/ SPL/Publiphoto **1.28** Phil Colley/The Oriental Caravan **1.30** *a* Martin Land/SPL/Publiphoto **1.30** *c* Dorling Kindersley **1.33** H.C. Archives/ Publiphoto **1.37** *b* Paul G. Adam/Publiphoto **1.43** Giansanti Gianni/Corbis Sygma **1.44** Corbis/ Sygma/Corbis **1.45** Les collections de l'Université Laval **1.46** et **1.47** Danielle Stordeur/Jerf el Ahmar/Institut de Préhistoire orientale **1.48, 1.49, 1.50** et **1.51** Katerina Johnson/Çatal Höyük Research Project **1.54** Dorling Kindersley **1.55** et **1.56** Musée national d'histoire et d'art du Luxembourg **1.60** Katerina Johnson/Çatal Höyük Research Project **1.61** The Israël Museum, Jerusalem **1.62** Michael Fox **1.64** Katerina Johnson/Çatal Höyük Research Project **1.66** Araldo de Luca/Corbis **1.69** Musée National du Danemark **1.70** *a* CP Images **1.70** *b* Yves Derome/Publiphoto **1.70** *d* CP Images **1.70** *e* Claude Girouard Publiphoto **1.71** CP Images **1.72** *a* Eric Clausiau/Publiphoto **1.72** *b* Michel Ponomareff/Ponopresse International **1.74** Monika

Graff/UPI-Gamma/Ponopresse International **1.77** Stan Washburn/Anthro-photo **1.78** Jacques Langevin/Corbis Sygma **1.79** Jean-Pierre Dutilleux/ Gamma Ponopresse International **1.80** Dorling Kindersley **1.81** *a* Jerome Chatin/Gamma Ponopresse International **1.81** *b* H.C. Archives/Publiphoto **1.81** *e* NASA **1.83** et **1.84** CP Images **p. 60** (ambre et fossile) Dorling Kindersley **p. 61** (obsidienne) Dorling Kindersley, (Darwin) Library of Congress n° 03485r

Dossier 2

2.1 Gianni Dagli Orti/Picture Desk **p. 64** *a* Dorling Kindersley/British Museum **2.7** Photo Patricia Anderson/Université Laval **2.8** Photo Researchers **2.10** Georg Gerster **2.11** Gianni Dagli Orti/Picture Desk **2.12** Gianni Dagli Orti/Corbis **2.13** Archivo Iconografico S.A./Corbis **2.14** Nik Wheller/Corbis **2.15** et **2.16** Dorling Kindersley **2.17** Publiphoto **2.18** Superstock **p. 78** et **2.19** Dorling Kindersley/ British Museum **2.20** *a* Dorling Kindersley **2.22** Art Resource, NY **2.24** Dorling Kindersley **2.28** Gianni Dagli Orti/Corbis **2.29** akg-images/Erich Lessing **p. 85** Réunion des Musées Nationaux/Art Resource, NY **2.33** *a* Gianni Dagli Orti/Picture Desk **2.34** Araldo de Luca/Corbis **2.35** University of Columbia **2.36** Dorling Kindersley **2.37** Réunion des Musées Nationaux/Art Resource, NY **2.38** The Bridgeman Art Library **2.39** BNQ/Bernard Fougères **2.40** Erich Lessing/Art Resource, NY **p. 92** *a, c* et *f* Dorling Kindersley **p. 92** *d* Yann Arthus-Bertrand/Corbis **p. 92** *e* Reuter Raymond/Corbis Sygma **2.44** NASA **2.46** Roger Wood/Corbis **2.48** akg-images/Erich Lessing **2.50** et **2.51** The British Museum **2.52** Gianni Dagli Orti/Corbis **2.53** *a* et *d* Archivo Iconografico, S.A./Corbis **2.53** *b* akg-images/Andrea Jemolo **2.53** *c* The British Museum **2.53** *e* Dorling Kindersley **2.53** *f* Tophan/The Image Works **2.54** Steve Vidler/ Superstock **2.55** Scala/Art Resource, NY **2.56** Réunion des Musées Nationaux/Art Resource,

NY **2.57** Dorling Kindersley/British Museum
2.58 a Gianni Dagli Orti/Corbis **2.58 b** Dorling
Kindersley **2.58 c** Christian Jégou/Publiphoto
2.58 d Roger Wood/Corbis **2.61** Aladin Abdel
Naby/Reuter/Corbis **2.62** Dorling Kindersley
2.60 Ginn Needham/Sliver Burdett **2.65** Ric
Ergenbright/Corbis **2.67** Robert Harding World
Imagery **2.68** Dorling Kindersley **2.69** The Bridgeman
Art Library **2.72 a** Christie's Images/Corbis
2.72 b Brooklyn Museum of Art/Corbis
2.77 CP Images **2.78** Imagemore Co. Ltd./Corbis
2.80 HIP/Art Resource, NY **2.81** Corbis **2.82** Michele
Burgess/Superstock **2.83** Julia Waterlow ; Eye
Ubiquitous/Corbis **p. 116 a** (parlement) CP Images
2.87 c Yves Marcoux/Publiphoto **2.88** Eric Clusiau/
Publiphoto **2.91** Megapress **2.94 b** Paul G. Adam/
Publiphoto **2.96** Photo Eddy Tardif **2.97** CP Images
2.100 Paul G. Adam/Publiphoto **2.101** Publiphoto
p. 127 b Adrian Thomas/SPL/Publiphoto
p. 127 c Dorling Kindersley

Dossier 3

3.2 Fred Chartrand/CP Images **p. 130 a** Peter
Connolly/akg-images **p. 130 b** © Corbis **p. 130 c** CP
Images **3.6** Peter Connolly/akg-images **3.11** The
Granger Collection, New York **3.17** Peter
Connolly/akg-images **3.18** © Ed Eckstein/Corbis
3.19 Peter Connolly/akg-images **3.20** The Bridgeman
Art Library International Ltd. **3.21** Peter Connolly/
akg-images **3.22** Rudolf Lesch Fine Arts Inc., New
York **3.23** Photostock **3.24** © The British Museum/
Dorling Kindersley Media Library **3.26** © Werner
Forman/Corbis **3.27** © Gianni Dagli Orti/Corbis
3.28 Courtesy of the University of Texas Libraries,
The University of Texas at Austin **3.31** © Charles &
Josette Lenars/Corbis **3.32** et **3.33** © Gianni Dagli
Orti/Corbis **3.34** © Bettmann/Corbis **3.43** ©Archivo
Iconografico, S.A./Corbis **3.44** Peter Connolly/akg-
images **3.45** Photostock **3.46** © Archaeological
Receipts Fund (TAP)/Dorling Kindersley Media Library

3.47 Megapress/Bilderberg Kunz **3.48** Peter
Connolly/akg-images **3.49** © The British Museum
3.50 École Nationale Supérieure des beaux-arts, Paris
3.51 The Bridgeman Art Library **3.52** John
Serafin/SBG **3.53 a** © Gianni Dagli Orti/Corbis
3.53 b Johannes Laurentius/Bildarchiv Preussischer
Kulturbesitz/Art Resource, NY **3.54** © Archaeological
Receipts Fund (TAP)/Dorling Kindersley **3.55** © Kevin
Fleming/Corbis **3.56** © Ruggero Vanni/Corbis
3.59 © H.R. Goette **3.62** © The British Museum
3.66 © Marco Prins **3.67** © Bettmann/Corbis
3.68 © Dave Bartruff/Corbis **3.69** © Gianni Dagli
Orti/Corbis **3.70** © Araldo de Luca/Corbis
3.72 The British Museum, London/© Bridgeman Art
Library, London/Superstock **3.73** Musée du Louvre,
Paris, France/Erich Lessing/Art Resource, NY
3.74 © The British Museum **3.75** Ryan Remiorz/CP
Images **3.78 a** © Rory Iwasawa **3.78 b** Jonathan
Hayward Stringer/CP Images **3.79** Bilderberg/
Francke **3.81** © Rafael Perez/Reuter/Corbis